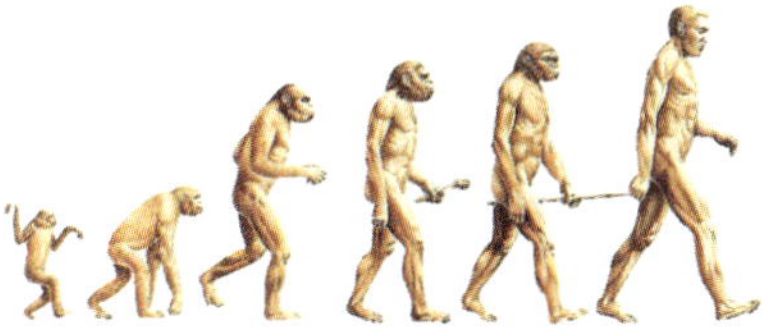

希利尔讲世界地理

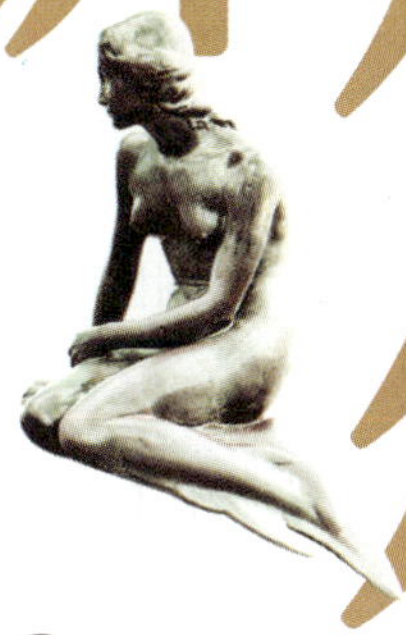

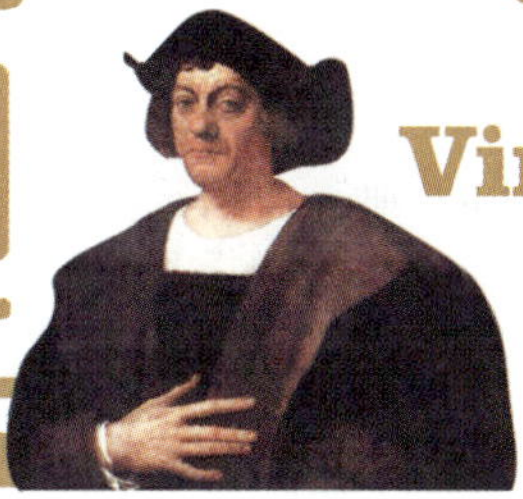

Virgil Mores Hillyer

[美]维吉尔 · M. 希利尔/著
安圆圆/译

文化发展出版社
Cultural Development Press

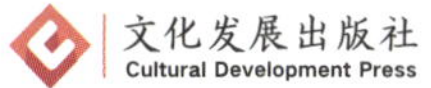

图书在版编目（CIP）数据

希利尔讲世界地理 /（美）维吉尔·M. 希利尔著 ；安圆圆译. — 北京 ：文化发展出版社，2018.7
ISBN 978-7-5142-2306-4

Ⅰ. ①希… Ⅱ. ①维… ②安… Ⅲ. ①地理－世界－儿童读物 Ⅳ. ①K91-49

中国版本图书馆 CIP 数据核字（2018）第 104946 号

希利尔讲世界地理

（美）维吉尔·M. 希利尔 著　安圆圆 译

出 版 人：武　赫
责任编辑：周　蕾　　　　责任校对：岳智勇
责任印刷：杨　骏　　　　排版设计：李　萌

出版发行：文化发展出版社（北京市翠微路 2 号　邮编：100036）
网　　址：www.wenhuafazhan.com
经　　销：各地新华书店
印　　刷：小森印刷（北京）有限公司
开　　本：710mm×1000mm　1/16
字　　数：260 千字
印　　张：19
印　　次：2018 年 8 月第 1 版　　2018 年 8 月第 1 次印刷
定　　价：68.00 元
I S B N ：978-7-5142-2306-4

◆ 如发现任何质量问题请与我社发行部联系。发行部电话：010-88275710

前言

小时候，我曾有一个愿望。我想开着火车，带上朋友绕着地球走一圈。虽然长大后没能如愿，但是我坐着火车到了很多地方，而我也真正实现了环球旅行的梦想。我很想把自己的旅行见闻记录下来，就像当年探险家把他们的经历记录下来一样，所以就有了这本书。

我决定把本书送给下面这些人：

想知道地平线那头有什么的人；

想知道圣诞老人的故乡除了驯鹿还有什么的人；

想知道海盗的宝藏都在哪里的人；

想知道除了七大奇迹外，世界上还有哪些奇迹的人；

…………

如果你不在我所说的这些人里面也没关系，只要你对世界上的某一个地方感兴趣，就可以翻开看看。

古希腊的水手有一本《航海指南》，里面介绍了世界各地的风土人情，所以，无论走到哪里，他们都会带着这本指南。我希望这本书也能在将来成为你的旅行指南。

下面是我要对你的爸爸妈妈说的，你可以略过不看。

我曾经问过一个男孩："你知道荷兰吗？"

他说："我知道，那里的人都穿木鞋。"

除此以外，他再也说不出任何与荷兰有关的事情。后来，他告诉我，他翻看地理书，是因为里面有些图片挺好看，至于书里的文字，他一点儿也不感兴趣。

于是我明白，我们的地理书要么太深奥——经纬度、气候、矿产、工业……超出了一个9岁孩子的理解范围；要么太简单——除了食物、服饰、建筑以外，什么都没有。

为什么地理学习不能变得像旅行一样，既学到知识，又轻松有趣？当然，最好的地理课堂是一次真正的环球旅行，但是，在孩子有能力进行一次这样的旅行前，我们要先给他们一张生动的"地图"。为了制作这张"地图"，我将自己所学到的地理知识与这些年的旅行见闻摆在一起，从中挑选合适的材料。

这个过程就像厨师为丰盛的晚宴准备食材一样。地形、建筑、食物、民族、风俗……仿佛在做一张巨大的拼图。我尽自己最大的努力，将精彩世界藏在每页书中。当孩子们翻开本书时，他们并不是简单地阅读，而是探索一个未知的世界。当然，别忘了事先给他们准备一幅真正的世界地图。

真正的好厨师会用最简单的食材做出最美味的菜肴。因此，虽然本书中讲到的许多地理知识都很简单，很多事情孩子们甚至都已经了解，但是我相信他们会从中获得不一样的体验。

在传授知识时，我们往往过分重视教给孩子什么，而忽略了怎样教，所以原本简单的地理知识在孩子那里就变成了复杂的迷宫。就像有一次，在讲到"罗马在台伯河上"时，我认为这已经是我所能用的，最明确、最简单的词语。但是，我发现孩子们竟然把这句话理解为："罗马处在台伯河的正上方。"

正因如此，我才会小心翼翼地选择用词，既不能选择太专业的词语，更不能选择过分简单的词语，因为孩子的想象力超乎我们的预料。有时，我们甚至完全无法把控他们精彩而神奇的思维地图。在此，我选择了一些故事，并通过我们身边时常看见、时常听见的事情，来帮助孩子走出复杂的地理概念迷宫。

当孩子像收集邮票一样将这些迷人故事中的地理概念收集完整时，他们便拥有了属于自己的旅行指南。如果将来到书中提到的地方旅行，他们就会知道，哪里是最不可错过的风景，而哪些又是旅程中最有价值的收获。

到那时，他们或许可以像许多伟大的探险家那样，写下属于自己的探险日记。

目 录

CONTENTS

1 万花筒中看到的世界

有谁曾经看见过自己的脸呢？如果你这样问孩子，想必他们都会举起手来说自己见过。可是你真的见过吗？事实恐怕不然，因为没有镜子之类的东西，我们是不可能看见自己的脸的。

这样想来，我们看不到的东西还真多，比如我们的背部，或者整个地球。

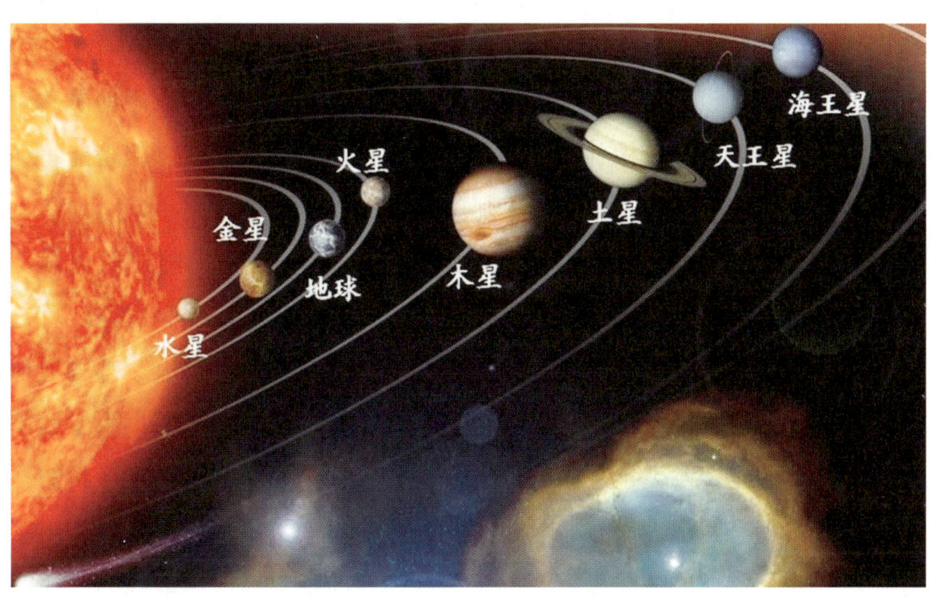

太阳系八大行星

虽然生活在地球上，但我们看到的仅仅是周围的一点点世界，就像海洋里的鱼，觉得世界像一个巨大的木桶，里面全是水；像沙漠里的骆驼，觉得世界像一个巨大的沙丘，到处都是沙；像冰山里的北极熊，觉得世界像一个巨大的冰柜，里面全是冰和雪；像森林里的熊宝宝，觉得世界像一片巨大的森林，里面全是树。

以前人们还说："世界像一个巨大的泥馅饼，有水、有沙子、有冰、有树，还有头顶的天空。"

这时，一些好奇的孩子会问："那像泥馅饼这样的世界是在什么上面呢？"

人们往往会认真地回答："在四头大象的背上。"

孩子追问道："那大象站在哪里呢？"

他们会说："在乌龟背上。"

小孩继续问道："那乌龟在哪儿呢？"

人们无法回答，只留下一片寂静，于是整个世界只剩下孤零零的乌龟，什么都没有。这就是以前的父母对孩子描绘的世界。

其实，不妨设想一下，我们能高耸入云，坐在云层之上悠闲地看着脚下的世界，那世界又该像什么呢？尽管飞机帮不了我们太多，但是能将任何物体放大的镜子可以帮助我们，那就是望远镜。

透过望远镜，地球像一轮雪球般的白色满月，因为太阳的照射，不但白而且亮。当然，太阳虽然像夜间汽车的尾灯一样可以照亮道路，可是它一次只能照亮地球的一面，另一面还是一片黑暗。不过，大家都知道地球每天都在围绕太阳不停地转，因此黑暗的球面渐渐迎来光明。用望远镜看地球，人们也会发现地球的一面有两个大大的像影子一样奇形怪状的补丁，另一面则有四个，而这些补丁事实上就是我们最熟悉的大陆。若用字母给这些名字各异的大陆做标记的话，我们就能很容易地在地球的一面读到：北美洲和南美洲；而在另一面读到：欧洲、亚洲、非洲、南极洲和

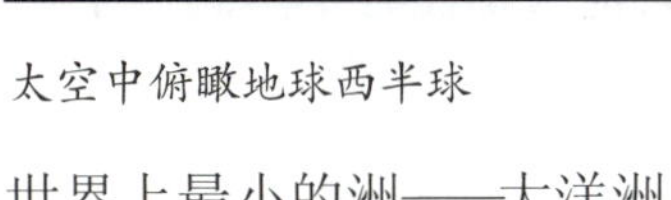

太空中俯瞰地球西半球

太空中俯瞰地球东半球

世界上最小的洲——大洋洲。

地球的两面不能像钱币那样简单地分为正面和背面，因此，我们将那些奇形怪状的阴影分为两面，每面用半球（英语中用 hemisphere 表示）来代称，一面称为西半球，一面称为东半球。西半球上有两块大陆，东半球上有四块。地球的最顶端和最底端长年被冰雪覆盖，温度极低，我们将它们称为极（英语中用 pole 表示）。

除这些被称为大陆的阴影和极地的冰雪外，地球上的其他地方都是水。尽管没有什么天然屏障可以区分这些水，可人们还是习惯性地为这些不同位置的水命名，而那些围绕在大陆旁的水就被称为“洋”。

如果你现在有 3 岁，我想你肯定能区分自己的左手和右手；如果你现在有 9 岁，我想你也能清楚地区分东方和西方，因为老师和家人一定都告诉你太阳升起的地方是东方，落下的地方是西方。现在，我们假设你右手的方向是东，左手的方向是西，那么你脸正对的方向就是北，背对的方向就是南。

将此方向运用到大洋中，那么以北美洲和南美洲为中心，太平洋在这两块大陆的西边，大西洋在东边；海岸线没有逾越东半球的是印度洋；地球的最北端是北冰洋，最南端则是南冰洋。南冰洋和极地一样终年冰雪覆盖，气温极低，所以那里没有水，只有冰。如果我们想为这些大洋做标记的话，那么只能把巨大的字母标志插到水里了，因为水面上可是写不了字的。

这就是我们生活的地球。也许你会问："除了地球，还有其他能让人生存的星球吗？"有些人会假想存在像星星那样闪烁的星球，在那上面也有人居住，可是至今仍没有人能给出肯定的答案，即使最精密的望远镜都无法看到遥远星球上的东西，因此，我们能做的也只是在心中猜测罢了。

历险手稿——望远镜的问世

1609年6月，意大利物理学家、天文学家伽利略偶然听说一个荷兰商人有一副神奇的眼镜，用它可以看见远处肉眼看不见的东西。难道这就是传说中的"千里眼"？伽利略听到这个消息异常地兴奋。于是，他立刻写信给自己的学生，让他们帮忙确认这件事的真实性。虽然回信中没有说这个商人是怎么做到的，但却提到了"镜管"这一信息。

伽利略就是这样受镜管的启发，想到凸透镜和凹透镜的搭配方法，又制作了一个精巧的可以滑动的双层金属管。结果，奇迹出现了！透过它看50英里以外的物体，就像看5英里以内的东西那样清晰。

后来，伽利略对望远镜不断进行改进，最后竟能把物体放大1000倍。他的发明结束了几千年来肉眼观察日月星辰的时代，让整个宇宙渐渐地走入人们的视野。

2 世界真是圆的吗？

格拉夫·齐柏林号航母

小时候，妈妈告诉我地球是个球，如果一直沿着鼻子的方向朝前走，最终就会回到出发的地方。为了验证妈妈的话，我曾大胆策划了一场离家出走。不过，最终我还是被警察叔叔押送回了家。

长大后，我决定再进行一次环球旅行。这一次，我选择乘坐火车，向着太阳下山的方向前行。火车带着我穿过寂静的田园，绕过繁华的都市，攀过巍峨的高山。一路上，我见到从未见过的民族，听到各异的语言。这一切都让我增长了不少知识。终于，经过数月艰难跋涉，我回到了出发的地方，用行动证明了世界是圆的。

这次超过2.5万英里的环绕地球之行花了我近半年的时间。不过，不是所有环球旅行都要花这样长的时间，比如，格拉夫·齐柏林号航母绕地

火箭

球一圈只用了三周，而美国空军战斗机绕地球一圈也只需一天多而已。

如果有人想在日出时出发，日落时走完地球一面，然后再继续跟随太阳走完另一面，第二天回到出发地，那么他就必须以每小时1000英里的速度不停地奔跑，这样才能实现这一伟大壮举。

其实，地球并不像我们平时看到的篮球那样圆。它有一点儿扁，就像一个又扁又胖的鸡蛋。如果你在太空看地球，会发现地球蒙上了一层面纱。那就是大气层。地球上的所有生物都生活在大气中。大气对人的重要性，就像水对鱼的重要性一样。鱼脱离了水奄奄一息，人脱离了大气同样无法生存。

在不同的地方，大气的厚薄也不相同。离地面越近大气越厚，离地面越远大气越薄。这就是为什么飞机只能在距离地面几英里的高度飞行——如果它飞得太高，那里的稀薄空气根本推不动螺旋桨，这样一来，飞机就要掉下来。但是，有一样东西可以离开大气层飞行，那就是火箭。

虽然火箭不用依靠地球大气飞行，但是人类无论如何都不能离开空气。空气是我们最重要的伙伴，但它有点儿故作神秘，明明时刻陪伴着我们，却从来都看不见。或许你会说："不对，我见过空气。它动起来的时候是白色的。"但是，我要说的是你见到的或许并不是空气，而是烟，或者云雾。大概我们唯一知道空气就在我们身边的时候，就是一股冷风带走你的帽子的那一刻。

也许，你会问：“是不是有了地球的时候，就有人类呢？”这是个天大的误解，地球的诞生要比人类早得多得多。很久很久以前，地球还是一个燃烧的巨大火球，无数个年头过去，火球慢慢冷却，变成了一个岩石球。渐渐地，围绕在地球周围的气体冷却下来变成水蒸气，就这样，在地球上有了蒸汽团围绕。

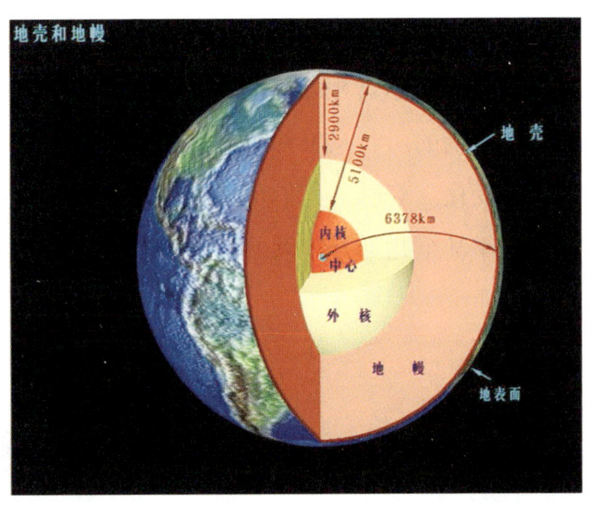

地球剖面图

地球继续冷却，直到蒸汽团聚成水不停地降落在地球上，汇成巨大的大洋覆盖整个地球。地球不断冷却，原本光滑、圆润的外表开始收缩、变皱。那些皱起来的地方有升有降，最后，高出海面的地方就成了陆地和山脉。地球表面的运动可不是静悄悄的，而是会引发海洋和地面的不定期剧震，这便是人们熟知的地震。如果你经历过当时的地震，就知道地震的威力了。

在喜马拉雅山脉发现的海螺化石

伴随着这番巨变而来的是轰隆的巨响声，地球在爆炸，在断裂，仿佛世界末日的来临。不过，有关地球海洋、大气、陆地和山脉的形成都是今天人类的猜测，因为谁也没有亲眼见到当时的情景。也许陆地被抬升时温柔而和缓，就像小草破土一般悄无声息。

不过，这些真相终究都无从得知，唯一能确定的只是，今天我们在地球表面见到的所有景象都不是它最初的样子。在漫长的时间里，地球经历了许多变化。有时，人们可以在某座山的山顶找到海里的贝壳，这就证明在几万年甚至几十万年以前，这座山或许藏在大海当中。

历险手稿——谁最先发现地球是圆的

公元前5世纪，古希腊哲学家毕达哥拉斯第一次提出这样的观点——地球是圆的。尽管这一观点被证明是正确的，但是毕达哥拉斯却不是通过客观的科学证据得出这个结论的。他认为地球是圆的，只不过是因为他觉得圆形是最美的几何体而已。

后来，古希腊哲学家、科学家亚里士多德发现月食时月面出现的地球影子是圆形，这是“地球是球形的”的第一个科学证据。1519年9月6日，葡萄牙航海家麦哲仑率领265人从西班牙桑卢卡尔港出发，开始了耗时三年的环球探险，最终他的船队绕行地球一圈后回到当初出发的地方。这一实际行动证明，地球的确是球形的。

3 生活在另一端的人们

据说，在地球上居住的人类已经超过 70 亿。但是，我们竟然无法在这 70 亿人中找到一模一样的两个人。虽然每个人都长着一个脑袋、一双眼睛、一个鼻子、一张嘴、两只耳朵，有双手、双脚，但是，再相似的两个人，即便是双胞胎，也总有些不同。比如，姐姐比妹妹长得高些，哥哥的皮肤比弟弟黑一点等。不同的人群，差异最大的地方就在于皮肤的颜色。

通常，人们会把肤色相同的一类人称为一个种族，这就是我们常说的白种人、黑种人、黄种人。原来，每个种族在地球上都有各自独立的居住

人类的起源于进化历程

世界上的第一张邮票是英国的“黑便士”

区。不过，随着交通的发展和人际交往的加强，各个种族经常混居在一起。比如，在白人居住区我们也会看到黑种人和黄种人，而白种人有时也会在黑人居住区定居。

如果我们把地球比作一个大村子，那么世界上的每个国家都是地球村里的一个家庭。整个地球村一共有220多个家庭，也就是220多个国家。有的家庭家族成员多，有的则少一些。在地球村的不同家族中，中国的家庭成员最多，有10亿（此数字似不准，请核原文），这个数字光是后面的“0”就够你写上一阵。

每个国家都有自己的统治者，这就好比每个家庭都有一位大家长。不同的国家对统治者的称呼不同，有的统治者叫国王，有的叫总统。国王可以将自己的王位传给儿子，当然他自己的王位也是从他父亲那里继承而来。国王从登上王位的那天开始，直到他死去，都是国王。总统则不同。如果你曾关注美国的总统选举，会经常听到“这是××总统第二任期……”这样的说明，总统不能一直由一个人担任。不同的国家对总统的任期有不同的规定，而且总统不能随便将自己的位置传给自己喜欢的人，哪怕是他的儿子也不行，因为总统必须由人民选举产生。

有国王的国家多被称为王国，若这个国王恰好统治几个国家，那么他一般会被称为皇帝，他所统治的国家就被称为帝国；有总统的国家被称为共和国，美国就是一个共和国。每个国家都有一个政府，政府是由国王或总统及其助手组成，政府负责制定政策、发行货币和邮票等。

如果你有收集邮票的习惯，那么你会发现每个国家的邮票都不一样，但是这些邮票并没有优劣之分，正如每个国家的语言千差万别，但无好坏之分一样。世界上共有5600多种语言，有的人会说一种，有的人会说多种，当然会说的语言越多，与其他国家的人交流就越容易。说起来也奇怪，每个美国人都会说英语，我自己就是美国人，英语是我们的母语，但事实上英语最初是英国的语言。

英国在欧洲，可是若你去欧洲旅游，你会在商店、宾馆、餐厅听到各种不同的语言。亚洲多是黄种人，使用最多的语言是中文；非洲多是黑种人，他们的语言千奇百怪，估计连他们自己都说不出究竟有多少种语言。

每一种语言都有各自的发音系统和语言内涵，想学会一种新的语言一般要花上几年的时间。我有一个朋友会说12种不同的语言，不过听说还有人会说100多种，这真是件令人惊叹的事！

历险手稿——人种分类

人类是在地球上分布最广的一种动物。就像天下没有两片相同的叶子一样，地球上也没有完全相同的两个人。人类根据遗传的体质特征，譬如肤色、发色、眼色、身高等分成不同的种族。

按照最通用的分法，现代人类分为四大人种：欧罗巴人种（又称白色人种或高加索人种或欧亚人种）、蒙古人种（又称黄色人种或亚美人种）、尼格罗人种（又称黑色人种或赤道人种）和澳大利亚人种（又称大洋洲人种或棕色人种）。

4 大洲的源头

如果拿着望远镜从遥远的太空看地球，我们会看见一片茫茫大海中漂浮着几座“岛屿”。其实，这些岛屿就是我们生活的陆地。如果要给每一块陆地都涂上不同的颜色，那么我们必须把七种颜色都用上才行。我们把这些漂在水上的大片陆地称作“洲”。洲的面积有大有小。面积最大的是亚洲，接下来分别是非洲、北美洲、南美洲、南极洲、欧洲和大洋洲。

17 世纪的美洲地图

亚洲是亚细亚洲的简称。亚洲位于东方，那里是太阳升起的地方，所以，“亚洲”也有“东方日出之地”的意思。

欧洲的全称是欧罗巴洲。欧洲在西方，太阳从这里落下。“西方日落之地”便是“欧洲”的意思。

阿非利加洲这个名字不太好记，所以你可以简单地称其“非洲”。在这里，阳光特别充裕，因此也被称为“阳光灼热的大地”。

为了纪念意大利航海家亚美利哥，人们用他的名字给一片大洲命名为亚美利加洲，这就是美洲。整块美洲大陆分为北美洲与南美洲。

大洋洲与其他大陆相比显得有些孤单。亚洲与欧洲连在一起，与非洲的距离也很近。北美洲与南美洲一直在一起。大洋洲却与其他陆地相隔

巴拿马运河

卫星拍摄的直布罗陀海峡

很远，独自处在一茫茫大海之中，或许正因为这样，人们才把它叫作大洋洲，意为大洋中的陆地。

南极洲是个冰雪覆盖的地方，它因处于南极地区而得名。

各个大洲之间有一些自然地理风貌或人造工程作为分界线。七大洲像七巧板一样，相互搭配，巧妙组合，共同组建成地球上的陆地。

亚洲大陆和欧洲大陆紧密相连，是地球上最大的一块陆地，也叫亚欧大陆。人们将乌拉尔山、乌拉尔河和大高加索山脉作为欧、亚两洲大陆的分界线。

白令海峡是亚洲与北美洲的分界，它连通太平洋和北冰洋。如果你要从北美洲到亚洲大陆，从这里走距离最短。

帝汶海和阿弗拉海是亚洲和大洋洲的分界线。

位于冰岛与格陵兰岛之间的丹麦海峡是欧洲和北美洲的分界线。同时，丹麦海峡也贯通北冰洋和大西洋。

巴拿马运河是人们在中美地峡最窄处开凿的一条运河，它的开通缩短了大西洋和太平洋之间的航程，是世界重要的海洋航运的枢纽。巴拿马运河的北面是北美洲，南面是南美洲。

如果从地中海附近国家去大西洋，那么你一定会经过一处名为直布罗陀海峡的地方。这条海峡也是欧洲与非洲的分界线。

德雷克海峡是南美洲和南极洲的分界线，也是沟通太平洋和大西洋的狭窄水道。

每个大洲都有其特殊的地质特点和自然风景，但人们总是相信造物者偏爱欧洲，因为那里的文明和大自然孕育了人类的艺术，并且这种优势延续了 500 年左右。

历险手稿——后出世的大洲

如果你翻开一张 16 世纪的世界地图，会发现上面只画了四个大洲：欧洲、亚洲、美洲和非洲。另外两个大洲到哪儿去了？人们忘记画了吗？不，事实是当时的人们并没有发现地球上还有大洋洲和南极洲。直到 1770 年，人们才发现那块独自处于大洋当中的大洋洲。

5 地底下的秘密

从小，我就是个好奇心极强的人。一天，我和保姆珍妮在人行道上散步。这时，我问她："珍妮，人行道下面是什么啊？"

她随口说道："下面是些泥土。"

我追问道："那泥土下面又是什么呢？"

"除了泥土，还是泥土。"

我觉得这是她对我的敷衍，于是很不满地看着她。她便想了想又说道："我也不知道，也许什么都没有吧，为什么你总喜欢问这样的问题呢？"

我知道地下一定有些什么东西，只是不知道是什么。对此，我满是好奇。

很小的时候，我会觉得地底下一定有一个巨大的山洞，那里漆黑一片，又潮湿又寒冷，而且还有坏人住在里面。因为那时我时常听大人说，坏小孩死后会到地下；我还听说，在地球的另一边住着一些人，他们头朝下、脚朝上，在天花板上行走。我惊讶极了，很想去探个究竟。于是，我决定挖一条隧道，穿过地球，到中国去看看这一切到底是不是真的。我的宏伟计划开始实施。我从家里后院的葡萄架开始挖，一天接着一天从不间断。起初挖到的是些松软的泥土，越往深处泥土越硬，不久，我就挖出一个与自己齐腰的坑。

终于有一天，爸爸发现了我的秘密。他问道："孩子，你在院子里挖这么大的坑做什么用？”我支支吾吾了一阵，看瞒不过去，就将自己的计划全盘告诉了他。

我正等着爸爸哈哈大笑，笑我是个大傻瓜，但是，他只是平静地问了我一句：“那你知道需要挖多深的坑才能挖穿地球吗？如果它要像华盛顿纪念碑那么深，你能挖吗？”

华盛顿纪念碑是为纪念美国首任总统乔治·华盛顿而建造的，它位于华盛顿市中心，是一座大理石方尖碑，呈正方形、底部宽 22.4 米、高 169.045 米。

我想了想，华盛顿纪念碑很高，我要费力抬起头，把脖子伸得老长才能看见它的顶端。不过，我还是坚定地回答说：“我能！”

接着，爸爸抱着我说：“孩子，别说华盛顿纪念碑那样深的坑，就是比它再深的坑我们也能挖出来。可是，这些都离挖穿地球相差太远了。如果真要从地球的这一端挖个坑穿到另一端，我们至少要挖一个 8000 英里深的坑。而且，地下可不仅仅只有泥土，还有许许多多坚硬无比的石头，非常难挖，所以直到今天还没有人能挖出这样的坑来。”

“既然没有人挖穿地球，你又怎么知道它有 8000 英里那么深呢？”我反问道。爸爸回答了我，可是我当时太小，现在已经忘记答案。但是，我现在可以告诉你们，为什么人们不用挖坑就能知道挖穿地球需要一个 8000 英里的坑。

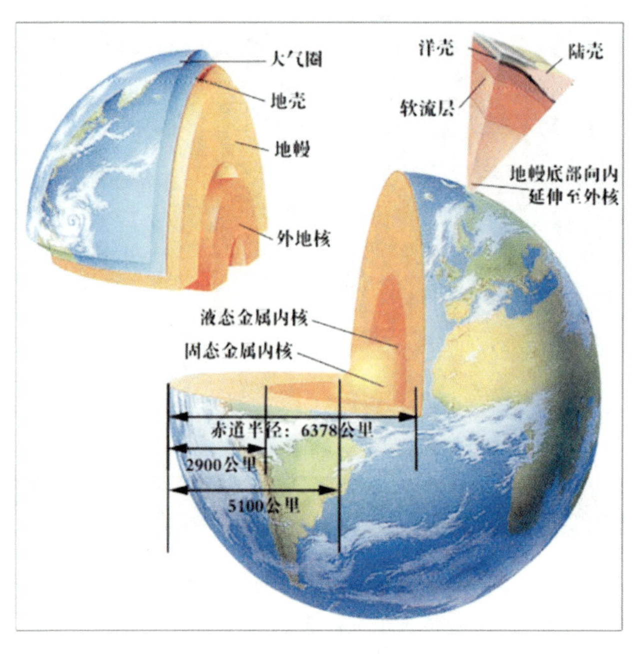

地球内部结构图

不论是大球还是小球，每一个球最大的一圈（数学上指的周长）是直径的三倍左右。一定是三倍左右吗？一定是。不信你可以用苹果、橘子或其他球形的东西来进行验证。既然地球是一个巨大的球体，那它自然也遵循这个规律。之前人们已经测量出地球的周长是2.5万英里，这样用数学公式一算，便能得出地球的直径是8000英里。“直径”，如果用你能理解的话来解释，便是“穿过”，所以“地球的直径是8000英里”，意思就是从地球这一头进去，再从另一头穿出来，距离是8000英里。

地球表面是一层像烤焦的土豆皮一样的岩石。这圈岩石就像果酱三明治一样分成很多层。只不过，地球的层里夹的不是果酱，而是小石子、壳类、煤等。假如有把巨大无比的锋利大刀把地球切成两半，那我们就会在岩石之间看到煤或者金、银、钻石等。人们在岩石层中挖深深的矿井，为的就是将岩石层中的矿产挖掘出来。

岩石层下面，除了坚硬的石头外什么也没有。越往下，石头的温度越高。地球最中心的地方，温度已经高到能把岩石熔化。这里炽热的气体和烟也会通过地球的烟囱——火山，跑到地面上来。

至于地球为什么是由岩石组成，而不是由铜、玻璃或陶瓷组成，地球的形状为什么像球，而不像盒子，这些就留给大家慢慢思考吧。

历险手稿——地球的结构

如果将地球的结构进行细致的划分，那么由外到内可以分为：地壳、上地幔、下地幔、外核、内核。地壳的厚度不同，海洋处较薄，大洲下较厚。内核与地壳为实体，外核与地幔层为流体。不同的层由不连续断面分割开，其中最有名的要数地壳与上地幔间的莫霍面——不连续断面。

地球的大部分质量集中在地幔，剩下的大部分在地核，我们所居住的只是地球整体的一小部分。

6 向英国进发

如果你去欧洲，需要拿上船票或者飞机票、护照，拉上行李到港口或者机场，当然，还有一样东西，钱。但是，如果你带着美元到英国，可是什么也买不到。因为英国人不使用美元，而是用英磅或者欧元。要记住，如果你去别的国家旅行，一定要带上那里的人使用的钱。当然，护照也千万不要忘记，否则你可是哪儿也去不的。

如果一个生活在 19 世纪的人听说你要从纽约出发去伦敦，那他一定会建议你多带点衣物或者食物，做好各种准备。因为 19 世纪的人从纽约去伦敦要花一个月的时间。今天我们去伦敦可快多了，坐船只需要一周就可以。如果坐飞机，要不了一天就能到。

坐飞机只要一天就能从纽约到伦敦，的确很快，但是，还有一样东西比飞机更快，而且比飞机准时，从不延误。你能猜到是什么吗？那就是太阳。太阳从伦敦到纽约只需要 5 小时。

如果你有一位朋友在伦敦，那么当你早上 10 点在纽约给他打电话时，你的朋友一定会说："现在是下午 3 点。"你们当中有谁的表出了问题吗？当然不是。那为什么在伦敦的朋友会把上午 10 点说成下午 3 点呢？

当太阳挂在天空正中央的时候，便是正午。伦敦人把这个时间定为 12 点，纽约人也把太阳挂在天空正中央的时间定为 12 点。其实，全世界

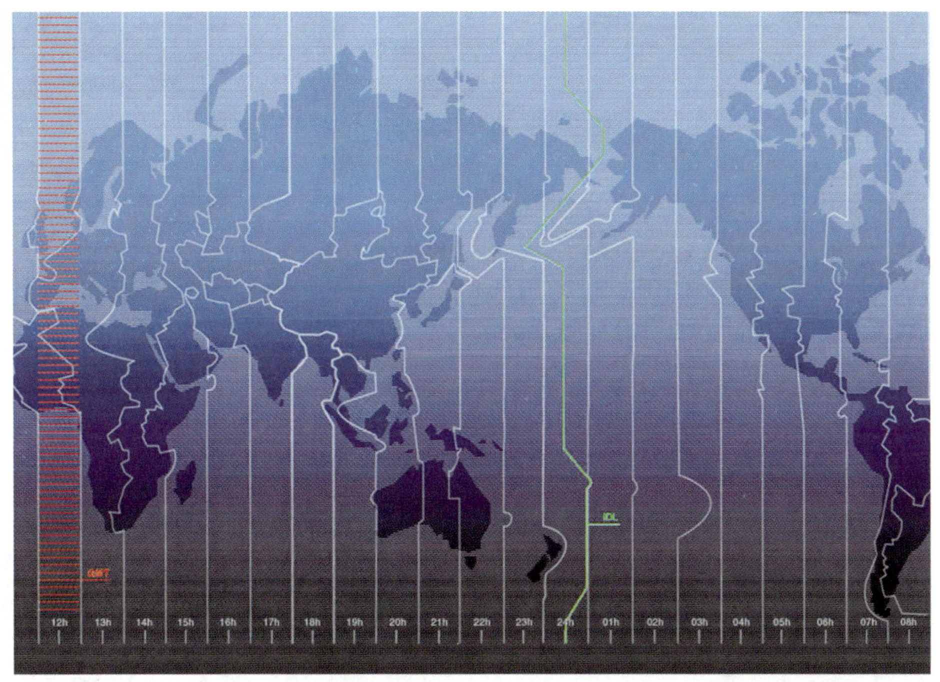

世界时区划分图

的人几乎都这么做。但是，我们知道，太阳从伦敦到纽约需要 5 小时，因此当伦敦人看见太阳高挂在天空正中央，也就是 12 点时，纽约人要在 5 小时以后才能看到。也就是说，纽约比伦敦晚了 5 小时。

所以，如果你想坐船去伦敦，出发前一定要记得把手表调快 5 小时，这样才能保证你到达伦敦看到的时间与当地时间一致。同理，从纽约回到伦敦时，就要调慢 5 小时。

这下你知道，为什么你在早上 10 点给伦敦的朋友打电话，他会说现在是下午 3 点了吧。

行船时，为了确定时间，我们会经常看钟，不知你有没有仔细注意过航海船上的钟。它的外表看起来与家里的钟没什么区别，但是敲钟的方式

航海出行必备的指南针

却与我们家里的钟完全不同。

我们家里的钟1点时敲一下，2点时敲两下，以此类推，最多敲12下，但是航船上的钟仿佛中了魔法一样，半点敲1下，1点敲两下，2点敲4下，以此类推，到了4点时就会敲8下，但是时间超过4点后，钟又会重新从1下开始敲，像是4点半时敲1下，5点敲2下，5点半敲3下，以此类推，每4小时重复一次，因此航船上的钟敲击的次数永远不会超过8次。

船在茫茫大海中航行，当船上的乘客都进入梦乡时，船员还没有睡觉。因为船只不分昼夜地在海上航行，所以船员必须一天24小时轮流值班。他们各自坚守在岗位，负责不同的工作，这样才能保证轮船顺利航行。

如果你从纽约坐船到伦敦，航海途中除了无边无际的大海，什么也看不到。在这种情况下，你或许连东、西、南、北都分不清，那么船只又是如何确定方向的呢？

这时，指南针就发挥了功效。指南针其实就是一个小小的指针，大多时候都被放在方向盘前的一个盒子里。这根针的体积不大，而且无论轮船在海上如何摇晃，指南针都能稳稳地指向一个方向。船长就是依靠它的指向才顺利到达伦敦。当然，船不能朝着指针的方向一直走，因为指针所指的方向是北，如果顺着指针一直走的结果不是去伦敦，而是去北极。

海面在大多数时候平静无波，大西洋尤其如此，有时它看上去就好像花园里的大池塘一样，因此人们常常将它称作“大池塘”。但是，一旦海面起了风浪，波浪就会像一只大手将船推得摇晃起来。有时船摇晃得太剧烈，有些乘客便会出现呕吐甚至昏厥的现象。波浪总是一个连着一个，船只刚迎来一次大浪，又将面对下一次。看起来，船就要被大浪掀翻，十分危险。不过，除非碰上冰山，或是与其他船只撞在一起，否则无论浪有多大，船都不会被卷翻。

虽然巨浪不至于卷翻船只，可是船只面临的考验可不仅仅是大浪。除了巨大的风浪，大海上还时常会有浓浓的大雾。一旦浓雾出现，船长和水手就什么都看不见，就像一个人在伸手不见五指的夜晚走路一样，分不清方向，看不见东西。有时，在浓雾中，水手连另一艘船开到眼前都不知道。在这种情况下，船只就很有可能发生碰撞。

为了避免事故发生，每当碰上浓雾，船长就会要求船只减慢行驶速度，而且船上安有一个大喇叭，船长会在起大雾时每分钟按一次喇叭，提醒附近的船只注意，直至浓雾散去。如果浓雾持续的时间较长，船长还会指派一些船员，让他们站在船舷上，时刻关注周围的环境，以确保船只安全通过浓雾。从纽约去伦敦的这段海路，经常会有浓雾出现，并且一路伴随。很多时候，浓雾还没有散尽，英国的陆地就在眼前了。

历险手稿——航海带路人——海鸥

指南针出现以后，人们是如何在一望无际的大海和浓雾中知道陆地的位置的呢？依靠海鸥。海鸥是种很有灵性的动物，每当有船只靠近陆地时，它们就会成群地飞过来，因此船员很多时候是通过海鸥的飞行来确定其与陆地的距离的。

7 盎格鲁人的国度

你们知道“英格兰”的意思吗？在英语里，“英格兰”表示“盎格鲁人的土地”。英国是一个岛国，住着盎格鲁人，所以英格兰原来也被称为盎格鲁人之国。

英国位于一座名为“大不列颠”的岛上。最开始时，岛上除了英格兰之外，还有威尔士和苏格兰两个国家。大不列颠岛的旁边是另一座岛——爱尔兰。后来，英格兰、威尔士、苏格兰，联合爱尔兰岛北边的一部分统一成“大不列颠及北爱尔兰联合王国”，也就是今天的英国。

盎格鲁撒克逊人

英国有着漫长的海岸线，但是到英国的船只可不能随便在岸边停靠。因为这里有许多海岸

利物浦港

海水太浅，有些地方还有很多岩石或悬崖。如果船只停靠，很容易搁浅甚至翻船。

哪里才是停船的好地方呢？英国西部的利物浦或南安普敦都是不错的选择。南安普敦，从名字就能看出，它位于英国南部地区。当然，了解英国地形的人可能会说，船为什么不能从英国东部的伦敦登陆呢？那里也不错，的确如此。凡是从伦敦靠岸的船只都必须经过泰晤士河，但是大型船只在泰晤士河里航行，最远也只能开到伦敦桥。

说到伦敦桥，我想起小侄儿最喜欢的那首歌谣：《伦敦桥要塌了》，或许你们也曾听过：

伦敦桥，要塌啦，
塌下来，塌下来。
伦敦桥要塌啦，
我美丽的淑女。

用铁栏杆，筑起来，
铁栏杆，铁栏杆。
用铁栏杆筑起来，
我美丽的淑女。

铁栏杆，会弯折，
会弯折，会弯折，
铁栏杆会弯折，
我美丽的淑女。

早期的伦敦桥

用银和金，筑起来，
银和金，银和金，
用银和金筑起来，
我美丽的淑女。

我想，出现这样的歌谣或许是因为伦敦桥曾发生过多次坍塌，就像歌里唱的那样。每次坍塌之后，人们很快就将其修复，并不断加固，因此现在的伦敦桥应该非常结实，不会再轻易倒塌。

英国的首都是伦敦。这是一座历史悠久的城市，建立时间比耶稣还要早。但是，当时的伦敦不但面积很小，而且位置偏僻，知道的人并不多。可是再看今天的伦敦，已经是世界上最大的城市之一。现代伦敦城市面积大，伦敦人出行常常选择双层巴士，或是地铁。

世界上许多大城市都矗立着密密麻麻的高楼，比如纽约，高楼林立，50层、100层的大楼比比皆是，但是伦敦的楼房大多不高。

作为英国的心脏，伦敦有一个政府讨论问题、制定法律的地方。这就是“国会大厦”，通常称为“议院”。英国是君主制国家，国王统治臣民，议院制定法律。我在美国国会大厦附近住过很多年，在我的印象中，美国国会大厦有一个巨大的圆顶。那时，我没有见过其他国家的国会大厦，便理所当然地认为，所有国家的国会大厦都有一个巨大的圆顶。因此，当我看到英国国会大厦时，吃惊极了：竟然没有圆顶，不但如此，上面还安放着一口大钟，也就是闻名世界的“大本钟”。

很久以前，伦敦曾发生过一场几乎毁灭整个城市的大火灾。火灾过后，伦敦城里一片废墟。当时，有个名叫克里斯多夫·雷恩的人慷慨地拿

英国国会大厦和大本钟

英国伦敦塔

出许多钱，帮助人们重建这座城市。在重建过程中，伦敦人建造了许多宏伟的教堂和其他漂亮的建筑，比如，那座著名的有着大圆顶的建筑——圣保罗教堂。因此，后来有很多人说，这场大火对伦敦来说是福不是祸。但遗憾的是，很多当时建成的美丽建筑都在第二次世界大战的炮火中化作灰烬。

伦敦的许多建筑在经历大火与战争之后都消失了，但是，有座建筑却幸运地躲过了这两次灾难，它就是伦敦塔。现在，伦敦塔依然矗立在泰晤士河北岸。

伦敦塔曾经是一座监狱，关押过许多重要人物，甚至包括一些英格兰的王子或女王。如今，这里已经成为一座博物馆，收藏着早年士兵穿的盔甲、砍头用的垫头木、马匹和狗使用的铠甲以及国王皇冠上的珠宝等。

如果你去伦敦塔参观，一定不要错过那里的一顶女王的皇冠。皇冠上镶嵌着一颗巨大的钻石——“科依诺尔钻石”，意为“光明之山”。据说，男性不能拥有这颗钻石，如果某一位男性拥有了它，厄运就会降临在他身

英国摄政街

上，所以这颗钻石一直被镶嵌在女王的皇冠上面。

伦敦塔里有无数奇珍异宝，所以常常有些宵小之徒打它们的主意。可是这些小偷不会那么容易得逞，因为伦敦塔不仅有训练严格的皇家近卫军仪仗士兵看守，塔门也会在窃贼光临时即刻关上，让他们无路可逃。除了伦敦塔外，伦敦还有一个收藏家的天堂，那就是全世界最大的博物馆——大英博物馆，收藏有来自世界各地的宝物。

如果你逛完伦敦的名胜古迹，那么我建议你到伦敦的街道走走。不过，一定记得随身带着地图，否则你非常有可能在数量众多的伦敦街道中迷路。据说，如果把伦敦所有街道连接起来，就可以沿着它们绕地球走上一圈。因此，有时就连伦敦的警察，都记不住所有街道的名称。所以，当地人通常会随身带着地图以确定自己的位置。

我想你应该没有足够的时间把伦敦所有的街道都走一遍，不过我可以告诉你一些有名的街道，你可以去看看，比如，针线街、切普赛德街、佩尔美尔街和皮卡迪里街。另外，伦敦还有一些著名的购物街值得一游，比如舰队街、河滨大道、摄政街和邦德街。除街道外，牛津广场、皮卡迪里广场也是伦敦比较知名的地方。

英国对于粮食的需求量不大，可是即使这样，英国国内的粮食需求还是无法由本国田地的产量来满足，大部分粮食仍然依靠进口。在英国，人们吃的更多的是羊肉和烤牛肉，因此如果你听过英国的歌曲和故事，你就会经常听到“古英国的烤牛肉”这样的词句。

历险手稿——莎士比亚故乡

曾经有无数名人在英国留下了他们的足迹和故事。世界戏剧大师威廉·莎士比亚就是其中一个。在英国艾芬河畔的斯特拉斯福小镇上有一幢古典的两层木房，那里曾是莎士比亚的居所。莎士比亚在结婚以后，将房子命名为“安妮·赫舍薇的茅舍”。后来，人们为了纪念这位戏剧大师，在他房子的右侧建造了“莎士比亚中心”。那里也是图书馆和档案馆。

8 连在一起的国家

苏格兰风笛

“兰韦尔普尔古因吉尔戈格里惠尔恩德罗布尔兰蒂西利奥戈戈戈赫”，这个由那么多字组成的词语可不是哪个顽皮小朋友的随意涂鸦，实际上是威尔士一个小镇的名字。名字的寓意与它本身一样也很长，请深吸一口气，然后跟着我念：“在白茫茫浓雾中的圣玛丽教堂，附近有一个飞速盘旋的旋涡和圣泰西里奥教堂，教堂旁边有一个红色的山洞。”如果你要写信到那里，可以不用把小镇的全名写上，只要写上“兰韦尔普尔古因吉尔”就行。不过，这个简称也挺长。

现在，威尔士、苏格兰、英格兰和北爱尔兰一起组成了“大不列颠及北爱尔兰联合王国”，也就是英国。但是在很久以前，这四个地方各自独立。后来，英格兰征服了威尔士。英格兰国王为了让威尔士人服从自己的统治，便对威尔士人说：“我会在你们当中找出一位出生于威尔士但是不说英语的人来做统领。”威尔士人很开心地接受了这个条件，因为当时威尔士人并不说英语，他们说的是威尔士语。但是，狡猾的英格兰国王却将自己的儿子定为威尔士国王，因为当时他的儿子还是个婴儿，自然不会说英语，而这个儿子恰恰又是在威尔士出生。于是这个孩子在父亲去世后，顺利地成为威尔士亲王，将威尔士并入了英格兰版图。

英格兰北面是高尔夫球的发源地——苏格兰。在苏格兰流行着一种很奇怪的乐器，当地人叫它风笛。风笛由一个猪皮制的袋子、一根管子及几个喇叭组成。吹风笛时，人们要把袋子夹在手臂下，然后一边通过管子向袋子里面吹气，一边用手臂挤压袋子，让袋子里的空气跑出来，以促使上面的喇叭发声。不过，这个声音听上去有点像杀猪时猪的惨叫声，好不奇怪。

在英国西面有一座岛屿隔海相望，名为爱尔兰岛。爱尔兰岛分成两部分。在地图上我们可以看到，一条分界线将它分成北面与南面。面积较小的北面与英格兰、苏格兰和威尔士共同组成了英国，南面则是独立的国家——爱尔兰。

爱尔兰与土豆有着密切关系：爱尔兰的形状在地图上看起来类似土豆，爱尔兰人都非常喜欢吃土豆，爱尔兰同样也盛产土豆。不过你千万不要以为土豆的起源地是爱尔兰。事实上，土豆最早只在南美洲种植，哥伦布发现美洲大陆后，才将土豆种植技术带到其他地方。

在爱尔兰一直盛传着这样一个故事：很久很久以前，爱尔兰北部有一个巨人，建造了一座能从爱尔兰直接通向苏格兰的魔法大桥，这座桥底

“巨人之路”位于北爱尔兰贝尔法斯特西北约 80 公里处大西洋海岸，由数万根大小不均匀的玄武岩石柱聚集成一条绵延数千米的堤道，被视为世界自然奇迹。

下由几万根石柱支撑。现在，你可以在爱尔兰的海边看到这些石柱，它们从海岸边一直延伸到海里。石柱也被他们称为“巨人堤”。

在爱尔兰还有一个关于圣帕特里克的传说，当年圣帕特里克曾帮助爱尔兰人把邪恶的毒蛇赶出了爱尔兰，因此圣帕特里克被爱尔兰人看成他们的守护神。如果你曾注意过英国的国旗，你就会知道它是由三个十字构成的，三个十字分别代表英格兰的圣乔治、苏格兰的圣安德鲁和爱尔兰的圣帕特里克。

北爱尔兰的首府贝尔法斯特是亚麻的主要生产地。亚麻可以用来制作一种名叫“尼龙”的布料，因此贝尔法斯特拥有全世界最优质的尼龙。用亚麻制成的尼龙布不仅牢固性比棉布好，质地也比棉布柔软，不过也因此相对贵一些。在贝尔法斯特，诸如尼龙手帕、尼龙餐布、尼龙桌布等随处可见。尤其是爱尔兰的尼龙手帕非常有名。如果有谁在出席正式场合时，带着一条爱尔兰的尼龙手帕，那他一定会让很多人羡慕。

爱尔兰岛的南部最初也属于英国，后来，这片地区脱离英国的统治，成为独立的国家，这就是今天的爱尔兰共和国，它的首都在都柏林。你在都柏林可以听到纯正的英语。据说，英语的纯正程度甚至要比英格兰人说的还要高。此外，爱尔兰共和国的居民也说爱尔兰语。爱尔兰语是一种十分古老的语言，如果你对它感兴趣，可以找一些爱尔兰硬币和邮票来看看，上面经常出现爱尔兰语。

都柏林南面有一个名叫科克的城市。科克附近有一座废弃的布拉尼城堡，城堡的墙上有一块被叫作“巧言石”的石头。据说，一个人只要亲吻这块石头，就能马上变得伶牙俐齿，所以很多人为了让自己的嘴巴变伶俐，都不远千里来到这里亲吻巧言石。因此，当爱尔兰人形容一个人伶牙俐

爱尔兰的布拉尼城堡

齿时就会说："啊，你肯定亲过巧言石。"

历险手稿——对绿色情有独钟的爱尔兰

爱尔兰是个绿意盎然的国家，雨水充沛、植物繁茂。因此常被人誉为"绿宝石岛"。爱尔兰人很喜欢绿色，在爱尔兰国旗上也是绿色当道。不过，除了绿色，爱尔兰的国旗上还有白色、橙色和天蓝色。其中，天蓝色是三叶草的颜色，而三叶草是爱尔兰的国花。

9 浪漫的国度

大家知道国际通用的法律条文都是用什么语言书写的吗？是英语、西班牙语，还是阿拉伯语？全部错了，是法语。法语是一种用法极其严谨的语言，所以像法律条文这类重要、严谨的文件在国际上都用法语书写。

现在，英语已经成为全世界使用范围最广的语言。如果你会英语，那么你在世界上大多数国家都能方便地与他人交流，但是在很久以前，欧洲人对英语一点儿也不感兴趣。那时，法语才是最受欢迎的语言。当时，就连英国的贵族都以能说法语为荣。他们认为，一口流利的法语会让他们显得更加高贵。

法国的首都巴黎是法国最大的城市，也是许多人心目中最美丽的城市。很多人只要一看见漂亮的城市，就会不由自主地说：这里真像巴黎啊！但是却很少有人说，巴黎像其他美丽的城市。这一点就像人们总说“你长得像你爸爸或妈妈”，却没人说“你爸妈长得像你”一样。

巴黎位于塞纳河上游。塞纳河从巴黎城内穿过。认真看书的人一定记得，我们之前也说过一个有河流穿城而过的城市——伦敦。伦敦位于泰晤士河上，船只可以通过泰晤士河开进伦敦。但是，巴黎的塞纳河却不一样。这条河河道窄、河水浅，大型船只无法通过曲折的塞纳河抵达

巴黎圣母院

巴黎圣母院屋顶的“怪兽饰”

巴黎。

塞纳河的一个小岛上有一座著名的大教堂，那就是为纪念圣母玛利亚而修建的巴黎圣母院。教堂前面有一座像“直指天堂的手指”那样长长的塔尖；教堂后面有许多被称为扶壁的石柱，就像巨大的臂膀支撑着教堂。教堂的屋顶环绕着很多奇怪的石质动物，大多体形庞大，而且长相怪异，也被称为“怪兽饰”。人们相信这些怪兽饰可以把邪恶的灵魂赶跑。

人们为圣母玛利亚建造了巴黎圣母院，还为另一个“玛利亚”建立了一座教堂，这就是巴黎的玛德莲教堂。虽然玛德莲教堂要比巴黎圣母院建造得晚得多，但是单从建筑风格上看，玛德莲教堂看上去要比巴黎圣母院旧许多，仿佛在耶稣诞生前它就已经立在那里了。玛德莲教堂四周除了石柱什么都没有，甚至连窗户都没有。

法国曾是君主制国家，昔日的王室宫殿今天依然立在塞纳河畔，但是现在的法国与美国一样，实行共和制。华丽的宫殿里不再有国王，而是被改造成了博物馆、艺术馆或图书馆，其中最著名的一座博物馆是收藏了很多著名画作和雕塑的罗浮宫。

玛德莲教堂

法国罗浮宫全景

现在有两件东西让你选择，一件是一张名人的照片，拍得十分逼真；另一件是一幅油画，上面的人物并不著名，而且画得也不逼真。你觉得哪一件的价值更高呢？答案是油画。照片拍得再好，也不一定能卖出好价钱，但是一幅优秀的画作往往价值连城。罗浮宫里就有这样一幅油画，画上是一位露出笑容的美丽女人。这就是达·芬奇的代表作《蒙娜丽莎》。曾经有人偷走过这幅画，但是因为它太有名，太多人知道，所以小偷一直都没办法将它出售。不久之后，这幅画就在另一个国家被发现，并很快被人送回了罗浮宫。

塞纳河畔矗立着众多知名建筑，但最显眼的恐怕是埃菲尔铁塔。埃菲尔铁塔的高度有1000英尺左右，在世界上再也找不到哪一座塔有埃菲尔铁塔这么高。远远望去，埃菲尔铁塔就像一个顶天立地的巨人一样，高大威武，而支撑着埃菲尔铁塔的四根铁柱就像是巨人长出四条大腿一样。

法国是艺术之都，也是美食天堂。英国人曾经无比羡慕法国人，因为在法国厨师的手中，最普通的食材都能变成美味佳肴。就连取菜名，法国人都很讲究，比如，在美国被称为“汤”的东西，在法国被叫作“浓汤”或“肉汤”。同样的东西，就是因为有一个好听的名字，而让人更有品尝的欲望。同时，法国人更是出了名的爱酒。他们喝酒就像我们喝牛奶、喝咖啡一样普遍。法国人尤其喜欢葡萄酒。在那里，有许多著名的葡萄酒庄园，酿造出了世界上最好的葡萄酒。

除了美食，法国人的服装也一样出名。苏格兰人偏爱尼龙，英格兰人喜欢用羊毛制衣，而法国人最喜欢用丝绸做布料。尼龙、棉花和羊毛做的布料比较实用，丝绸布料则美观得多。

法国女性还很喜欢香水。制造法国香水的原料极其丰富，无论是漂亮的鲜花，还是不起眼的野草都能成为原料。不过，法国香水取材虽然普通，但

埃菲尔铁塔

是材料的用量很大，往往生产几瓶香水就要用上一大片鲜花，再加上法国人精湛的香水制作工艺，法国香水的价格简直就像香水界里的埃菲尔铁塔。

历险手稿——世界上最美丽的街道

去法国旅游，塞纳河是不得不去的地方，但是，如果你错过香榭丽舍大道，那就等于没有去过巴黎。香榭丽舍的意思是“天堂之地”。香榭丽舍大道被誉为世界上最美丽的大道。

这条大道绿意盎然，景色迷人。大道的一端有著名的广场——协和广场。协和广场中间立着“埃及方尖碑”，由一块完整的石头制成。在大道的另一端，则有一扇巨大的拱门。它就像一个忠诚的侍卫，守护着大道，阻止一切交通工具进入。这座宏伟的拱门就是“凯旋门”，又叫“胜利之门”。凯旋门下方就是“法国无名战士”的墓地。墓地上时刻燃烧着一团火焰，以纪念在世界大战中牺牲的法国士兵。

建在洼地的国家

在法国北部有这样一个国家，那里有很多大钟。不论是教堂、市政厅，还是其他建筑的塔楼上都有大钟。这些钟不仅能准确报时，还能奏出美妙的音乐供人欣赏。有些大钟还包括五六十个大小、声音各异的小钟，而钟的体积越大，发出的音调就越低。

拿破仑在滑铁卢战役中

滑铁卢战役纪念碑

每当鸣钟者敲击键盘时，与键盘相连的钟锤就会震动。钟锤敲击钟面，发出不同的声音。而当这些天籁奏响时，这里的人就会停止喧哗，汽车停止鸣笛，静静地享受这美妙的时刻。

这个拥有众多大钟的国家，就是比利时。

提到比利时，人们除了想到大钟外，还会想到另一件事：战场。比利时一直都是欧洲的主要战场。可不要以为比利时人爱打仗，在比利时发生的战争大多都是欧洲其他国家之间的战争，比利时人很少自己开战。两次世界大战期间，比利时一直是德法交战的主战场，很多建筑都毁于一旦，国家遭受了严重损失。

在比利时举行的最有名的一次战役，恐怕要数拿破仑与英国将军威灵顿之间的“滑铁卢战役”。常胜将军拿破仑在比利时的滑铁卢被威灵顿将军打败，此后人们常用“遭遇滑铁卢”来形容战争或比赛遭遇惨败。

你听过布鲁塞尔花边、布鲁塞尔地毯、布鲁塞尔汤菜吗？这里的布鲁塞尔是个城市，也就是比利时的首都。在比利时还有一个城市也以“布鲁”开头，那就是布鲁日。布鲁日是座水城，河流众多、交通便利，人们出行大多乘船。

比利时有两个邻居，法国和荷兰。比利时靠近法国的那部分领土有

荷兰风车

许多山，地势较高，而靠近荷兰的那部分则地势较低。

荷兰一词有“低地”的意思。在荷兰，海平面在许多地方都比地面要高。这样一来，整个荷兰看起来就像是陷进了一个巨大水坑。

这样的情况给荷兰人带来了很大的麻烦。为了防止海水流进城市，荷兰人建造了高大坚固的围海大堤，同时还在堤坝里建造了许多磨坊来放水。这些磨坊上面都有一个巨大的风车，每当风车转动时，就会把水排放出去。除了建造磨坊以外，加固堤坝也是荷兰人以及靠近荷兰的这部分比利时人的传统工作。荷兰设有专门的堤坝监督官来随时修补堤坝，以防巨大的海浪冲垮堤坝。

大约七百年前，地球上曾发生过一次特大风暴。北海来的汹涌海水像只凶猛的野兽撕开了荷兰的堤坝。很多人在这次风暴中失去了生命，而这片陆地变成了一片大海，也就是南海。那里鱼群往来，帆船穿梭。现在，荷兰人准备在南海重建堤坝，希望能将水抽干，也许未来的某一天，这里的人就再也看不到鱼和帆船了。

如果你在地图上把荷兰所有城市的名字都找出来的话，会发现在荷兰的城市名字中“丹”是最经常出现的字。在这些名字带有“丹”字的城市中，最著名的要数阿姆斯特丹。阿姆斯特丹是钻石之城，出产的钻石是世界上最坚硬的东西，我敢保证，你在世界上再也找不到任何一件东西能切开钻石。

钻石提炼自一种看似普通的矿石。这些矿石的长相太普通，初见时，你一定想不到这些普通的石头里竟然藏着亮晶晶的钻石。阿姆斯特丹的工厂会对这些长相并不出众的石头进行加工。工人们用钻石做的工具打磨钻石。除了钻石工具外，真的没有其他东西可以切开这些坚硬的宝石。璀璨夺目的钻石就这样诞生了。

荷兰外面有大海，里面有数量庞大的运河，这些运河简直就是用水铺成的街道。夏天，船只在运河上穿梭，将货物运送到荷兰的各个角落。冬天，运河上则能见到这样有趣的景象：孩子滑冰去上课，成年人滑冰去上班！

荷兰冬季的运河

种类繁多的荷兰奶酪

荷兰木鞋

在你的家乡，人们通常用什么来运送货物，或者人们通常乘坐哪一种交通工具外出呢？在荷兰，人们用狗或自行车来运载东西，这无疑是一种很聪明的做法。狗吃得比马少，又不需专门的马厩来休息，自行车不耗原料，且可以随处停放，所以狗和自行车是荷兰人日常生活的好帮手。

荷兰的狗基本都经过训练，能像马一样承担负重，但是如果一只正在运送牛奶的狗碰到猫，那可就糟了。因为这只狗一定会丢下牛奶，与猫大战一场。可怜的牛奶一定流得满地都是。

在荷兰，你会看到很多长着黑白相间斑纹的奶牛。这种奶牛能生产大量的牛奶。荷兰人除日常喝牛奶外，还会用牛奶做奶酪。荷兰的奶酪非常出名，不仅味道鲜美，贮存时间也长。荷兰人特别爱干净，他们总是不厌其烦地把屋里屋外都清扫一遍。在这里，甚至连奶牛棚都一尘不染。

荷兰气候湿润，适合居住。荷兰人穿着随意，很多当地人喜欢穿着木质的鞋子走路。在荷兰的一些乡村，男性爱穿一种肥大的裤子，就跟枕套一样大，女性则穿着肥大的短裙，戴着白色的帽子。那里的生活，看起来简单而闲适。

历险手稿——美食王国 

比利时是仅次于法国的美食王国。在比利时的各类美食中，海鲜类最著名。比利时人烹制海鲜的方法非常特别，比如，他们会用白酒蒸贝。最受比利时人喜爱的是一种黑壳的海贝，淡菜。比利时人通常用薯条搭配淡菜食用。

喜欢吃甜品的人一定会在比利时走不动路。比利时人能做出 400 多种巧克力蛋糕。比利时人在喝啤酒时喜欢加一块干酪，而比利时干酪又有 85 种之多，可谓当之无愧的美食王国。

11 斗牛士的故乡

西班牙斗牛

你有没有发现欧洲地图很奇怪？就像一张“谜图”。转过来看，它像一个又矮又小的老太婆，头很大，驼着背。这个年弱的老人竟然会伸出她的长腿，试图将一个足球踢到大海中。在版图上，老太婆的头就是西班牙，她戴着的帽子就是葡萄牙，而比利牛斯山就是她的衣领，法国就是衣领下面的部分。从地图上看，西班牙像在和非洲碰鼻子，而这个“鼻子”就是直布罗陀。

西班牙不仅在版图上像欧洲的头部，历史上的西班牙也的确当过欧洲的“头”。有一段时间，西班牙版图很大。在哥伦布发现了美洲大陆以后，北美的大片土地都被西班牙占领，南美洲除了巴西之外也都是西班牙的殖民地。西班牙一下子强大起来，成了全世界的领袖。但是，现在的西班牙可不再像当年那样实力强劲。

斗牛是最具西班牙特色的节目。西班牙人斗牛的时节在每年 3 月至 10 月。在斗牛季，每逢周四和周日都各举行两场斗牛比赛。特别是周末的比赛，露天的斗牛场满是热情的观众。

斗牛场里有一圈栅栏，栅栏里面是一块沙地，观众坐在栅栏外面的座位。斗牛开始了，只见一头健壮的公牛穿过场地边上的一扇门冲进来。一名斗牛士手中拿着红色斗篷，不断地在公牛面前挥舞。为什么要用红色的斗篷呢？因为公牛对红色特别敏感，它似乎非常不喜欢这种颜色。红色会在瞬间激怒公牛，这正是斗牛士的目的。

只见愤怒的公牛低下头，向红色斗篷猛冲过去。在牛角即将顶到斗牛士的一瞬间，斗牛士一个敏捷的转身，躲过公牛的攻击，而怒气冲天的公牛身体太庞大，不可能那么快地转过身，只能眼睁睁地看着斗牛士跳开了。

逃过一劫的斗牛士并不会轻易结束他的冒险。他一遍又一遍地耍逗公牛，就像猫戏弄老鼠一样。最后，当斗牛士认为时机成熟时，便会举起长剑朝公牛刺去，直到把它刺死为止。

你是不是也觉得这种游戏太残忍？但是，如果你对一个西班牙人说，斗牛是一件残忍的事情，那么西班牙人会认为你很奇怪。这时，他们会跟你解释：“我们平时就喜欢吃牛肉，杀牛不会给人们带去笑声，而这种斗牛场面却能让人们开心一笑。”

在西班牙，几乎每个城镇都有斗牛场，斗牛是广受西班牙喜爱的全民运动。就连小孩子也喜欢玩斗牛游戏，他们常常是由一个人扮成牛，另一个人扮斗牛士。斗牛士都是非常勇敢的人，但是只有勇气还不够，他们还需要具备高超的斗牛技术，而且必须非常谨慎，如果不小心在沙地上滑倒，那么他就有可能牺牲在公牛的牛角下。遗憾的是，这种悲剧经常发生。

在西班牙境内，就算你坐一整天的火车，窗外的树木种类都不会变

西班牙古老的橄榄树

样。因为西班牙到处都是橄榄树。古代运动场上，在比赛中获胜的运动员都会戴上用橄榄枝做成的花环。在战乱年代，传递和平信息的信使会随身携带一枝橄榄枝。于是，橄榄枝就有了更深层的象征意义——和平。

橄榄树的树龄很长，据说可以活1000年。橄榄树的果实就是橄榄，长得很像绿色的樱桃。橄榄有很多用途，比如，它可以用来榨橄榄油，拌沙拉的时候，橄榄油会使其味道更鲜美。橄榄油被誉为最佳食用油，在西班牙，人们都不吃黄油，只吃橄榄油。此外，用橄榄制造的卡斯提尔肥皂非常有名。橄榄树是西班牙最重要的经济作物之一。西班牙人离不开橄榄，就像美国人离不开面包、黄油、蔬菜和肉类一样。除了自己使用，西班牙人还将大量的橄榄出口。

每个国家都有一些代表自身特点的美丽城市，如法国的巴黎、美国的纽约，西班牙最美丽、最有特色的城市当然是首都马德里。马德里位于西班牙的中心地带。历史上的旧马德里一点儿也没有首都的气派，街道狭窄，旁边的房屋也都十分低矮，而新马德里则有着宽阔的林荫大道和宏伟壮观的建筑。来到新马德里，你会觉得自己身在巴黎或者纽约，只有路人讲的西班牙语才能让你意识到这是西班牙。

以前西班牙人有一句口头禅：“明天的，明天的。”而现在西班牙人很少再说这样的话。他们会尽最大的努力在当天完成当天的事情。对西班牙人而言，“美洲”指的就是“南美洲”。因此，如果你在西班牙对人说：“我是一个美洲人。”那么他很有可能以为你来自南美洲。

西班牙首都马德里

历险手稿——西班牙的树 

西班牙种植了很多古怪的树，与美国的树完全不一样，其中有一种树叫塞子木，就是我们平时用的瓶塞的原材料。人们会从塞子木上砍下大块的树皮，做成形状不一的塞子。而被砍的塞子木还会长出新的树皮，这些新的树皮通常需要长达 9 年的时间才能再一次用来做塞子。塞子木树龄很长，人类的寿命远远比不上它。

12 高山之巅

荷兰的地面平坦得像足球运动场，整个国家都找不到一个山坡。瑞士却与荷兰相反，拥有巍峨的山脉。与欧洲所有国家相比，瑞士可是最“高”的国家。瑞士境内的阿尔卑斯山是欧洲海拔最高的山脉。阿尔卑斯山山顶一年四季覆盖着白雪，仿佛给山峰戴上一顶白色的大绒帽一样。

阿尔卑斯山脉的玛特洪峰位于瑞士和意大利边界

12 高山之巅

罗纳冰川

瑞士山脉的景色非常迷人。有时，山顶皑皑白雪，山谷却生长着茂盛的草木。牧童赶着小牛在田地里玩耍，牛儿愉快地吃着美味多汁的绿草，人们在很远的地方就能听到牛儿脖子上的铃铛发出的清脆响声。当山顶上的白雪融化，清凉的雪水会顺着山坡流下来，形成美丽的瀑布，或淙淙的小溪。

你也许看到过自家屋顶上厚厚的积雪一下子全部滑下来，掉在地上。如果山顶的积雪也这样，那么这种现象就叫雪崩。试想一下，在一英里长的山坡上，雪突然间全部滑到山谷里，那种猛烈的场面该有多么恐怖。可怕的雪崩在瑞士很常见，严重的会把山谷中的居民和房屋全部摧毁，把整个村落埋在冰雪下面。

在一些又长又宽阔的山谷里，也常积满了雪。这些山谷中的巨大冰块就叫冰川。我们所知道的大部分河流都发源于高山上的泉水，但是瑞士的河流却不是这样，它们大多发源于一条名叫“罗纳”的河。

瑞士国内有许多冰川，其中最大的一条名为罗纳冰川。罗纳冰川和罗纳河，从名字上看，它们之间一定有某种联系。的确如此。罗纳冰川底部的冰融化成水，形成潺潺的小溪。小溪在流淌过程中随着冰水的不断注入，会变得越来越宽阔，水量越来越大，等到达山谷的时候，又会有其他

罗纳河

日内瓦湖

小溪流注入其中，最后就形成了一条大河——罗纳河。罗纳河最终流入宽广的山谷，汇成瑞士最大的湖泊——日内瓦湖。

从日内瓦湖流出之后，罗纳河继续向前奔驰。当它流经法国的里昂时，将灌溉里昂的桑田，在经过一片养蚕农场和丝绸厂后，罗纳河就到达了终点站——地中海。

瑞士还有一条河，同样诞生自冰川融化的泉水之中，那就是著名的莱茵河。阿尔卑斯山的冰川泉水是莱茵河的河水之源。莱茵河从阿尔卑斯山流出，一直向北流去，途经法国、德国与荷兰，最后流入北海。

如果有一个人对你说，瑞士的海军十分威武，那么他一定是在对你说谎。因为瑞士是一个高山内陆国家，瑞士的军队只有陆军和空军，根本没有海军。瑞士除有军队保卫国家安全外，高大的山脉也是这个国家的忠诚卫士，它们同样能够抵挡敌人的进攻。

如果你仔细观察瑞士在地图上的位置就会发现，瑞士处在法国、德国和意大利之间的交接点上。瑞士人说三种语言，靠近意大利的人说意大利语，靠近德国的人说德语，靠近法国的人就说法语，所以，瑞士人没有自己独立的语言。很多瑞士人能毫不费劲地跟法国人、德国人和意大利人顺畅地沟通。

瑞士也有地势相对低的地方，就位于高山之间。地势低一点的地方就叫山口。你有没有听说过“辛普朗山口”？当年法国将军拿破仑率领大军挺进意大利的时候，走的就是辛普朗山口。

尽管瑞士山地很多，但是瑞士国内的交通似乎并不受这些高大山脉的影响。人们在瑞士旅行时，大多数时候不必翻越高山。即便不得不翻越山岭也不用担心，因为瑞士很多地方都有隧道，通过隧道我们就能很方便地从山的这一头穿到另一头。

瑞士有一条隧道叫“圣哥达隧道”。在挖隧道时，工人从山的两头同

辛普朗山口

时开始向中间挖，最后两边的工人在中间汇合，这样整条隧道便打通了。这样的方法听起来似乎很简单，我不过用一句话便将它介绍完了，但是实施起来并不像我们想象的那样。因为这条隧道很长，从两头分头挖，最后能在中间汇合，是一件相当不容易的事情。

在我们刚才提到的辛普朗山口下还有一条隧道，也就是全世界最长的隧道。如果你从瑞士进入这条隧道，等你从另端出来时，会发现你已经到了意大

卢塞恩湖

利。我曾两次经过这个山口，一次是坐火车，一次是徒步穿过去。我坐火车穿越时只用了 16 分钟，但徒步穿越却用了我整整两天的时间。

除了高山以外，瑞士还有众多美丽的湖泊。这些湖泊中最漂亮的要数卢塞恩湖，也被称作“光明之湖”。卢塞恩湖边有一座小教堂，相传就是在这座教堂里，威廉•泰尔（瑞士的神箭手，帮助瑞士脱离奥地利的统治）从他儿子的头顶射下了苹果。

历险手稿——旅行者的天堂

瑞士虽然不是一个体育强国，但是瑞士人整体体育水平都很高，平均每个人都会 3 ~ 5 种体育运动。

地处阿尔卑斯山脚下的地形优势创造了良好的运动条件，所以瑞士人酷爱滑雪等冬季运动。每年夏天，瑞士都会迎来众多登山爱好者来此比赛、运动。

瑞士的“马特峰”号称瑞士最难攀登的山峰。这座山峰的形状看上去像是一个非常大的尖尖的牛角。它十分陡峭，很多探险家和登山发烧友都在此失足，失去了生命。

13 矗立在水中的“靴子”

有位老妇人，
住在鞋子中，
孩子一大群，
不知怎么办，
只能喊头痛。

位于意大利热那亚的哥伦布故居

这是流传在欧洲的知名谚语。在欧洲，确实有这样一只住着很多大人和孩子的“靴子”。在地图上，你可以清楚地看到这只“靴子”——意大利。“靴子”里的人就像言语中说的一样，“一大群”。那里的人实在多得挤不下，所以有许多意大利人移民到美洲大陆。

最早到美洲大陆的人是哥伦布。哥伦布不是从西班牙去美洲的吗？他为什么会变成意大利人？我并没有犯糊涂，尽管哥伦布是在西班牙王室的支持下到达美洲，但哥伦布的确是意大利人。他的故乡是一个名叫热那亚的意大利城市，你可以在“靴子”的顶端找到它。现在热那亚修缮了哥伦布的故居，他的雕像也屹立在热那亚火车站外面。

水城威尼斯

在这只“靴子”顶部还有一座水上城市。但是，它不在水边，而是建造在水里，这就是威尼斯。威尼斯到处都是水。那里的河流就像我们的街道一样。人们在水面上搭建了大大小小的桥。威尼斯市民出行的交通工具不是汽车或者马车，而是船。那里的船都被油漆刷成黑色。船中间有个封闭起来的，像小汽车一样的船舱，船头还竖着一个像梳子一样奇怪的东西，这就是威尼斯特有的凤尾船。

凤尾船的船夫在撑船时会站在船舱后面，摇一支船桨。小船缓缓前进，到了运河的十字路口处，船夫就会大喊一声。如果其他方向也有凤尾船到来，那么其他船夫也会立即响应一声，这声音听上去很有趣。河流的十字路口处没有红绿灯，这样的喊声是为了防止船只经过十字路口时撞在一起。

凤尾船上没有喇叭，也没有发动机，不像汽车一样会发出令人讨厌的噪声，所以在威尼斯，你能享受静谧安然的生活。

因为一直在水上生活，威尼斯人个个都是出色的水手。地中海的每个角落都能看到威尼斯人勇敢的身影。威尼斯人经常用鱼和海盐去换别的国家的衣袍、羊毛毯子和珠宝首饰，渐渐地，威尼斯就成了欧洲最大的商品交易市场和购物圣地。欧洲其他地方的人都会到威尼斯购买自己所需要的商品。

圣马可教堂

圣马可教堂内部的镶嵌画

在这种贸易中，威尼斯人赚了许多钱。他们用赚来的钱在运河边上建造很多富丽堂皇的宫殿。在威尼斯，人们相信他们的好运由一位名叫圣马可的圣人带来。为了纪念这位圣人，威尼斯人建造了很多壮丽辉煌的教堂。圣马可的遗骨就埋在其中一座教堂的圣坛下面。圣马可教堂的外观很特别，有五个圆顶，中间有一个大圆顶，四周各有一个小一点的圆顶。这些圆顶是洋葱头一样的形状，非常有趣。

在圣马可大教堂中，你会看到许多色彩鲜艳的画。不管是教堂里面还是外面，那些色彩鲜艳的画作都不是用颜料画成，而是用彩色石头、黄金和彩色玻璃一点点雕琢垒砌起来的。这样的画有自己独特的名称——马赛克——它不会像颜料画那样褪色或从墙上脱落。

在圣马可大教堂，你还可以看到一种奇怪的现象，狮子成了宠物。你看，在教堂前面的圆柱子上就安放了一座长了翅膀的狮子的塑像。此外，还有四匹青铜制的马坐落在教堂门上方。后来，由于这里的统治者不停更换，这四匹马也“马不停蹄”地回到了威尼斯。

圣马可飞狮雕像

虽然现在的威尼斯是意大利的一座城市，但在历史上，它曾经是一个独立的小国家。当时，威尼斯的统治者叫总督。总督住在宫殿中。在总督宫殿与河对面的监狱之间有一座桥，罪犯要走过桥进入监狱。因为犯人在走过桥时会不停地叹息，所以又被称为“叹息桥”。

里亚尔托桥

威尼斯是欧洲的购物中心，在“大运河”上有一座“里亚尔托桥”，桥两边有很多商店，所以里亚尔托桥就是购物的中心，在这里可以买到各种各样的商品。莎士比亚的剧作《威尼斯商人》里面就有个人在里亚尔托桥上开店。

威尼斯人早先通过贩卖鱼和盐富裕起来。不过，还有一件比盐和鱼更普通的东西，也让威尼斯人赚了很多钱，这就是沙子。

威尼斯的玻璃制品

在我们看来，沙子并不是什么值钱的东西，但是在威尼斯人眼中却不是这样。威尼斯人发现，沙子在熔炉中熔化后可以制作玻璃，熔化的玻璃还可以做成各种各样的小玻璃制品，如花瓶、珠子和酒杯。

在威尼斯，你可以看到玻璃工匠就像吹泡泡一样将玻璃制成各种各样的艺术品。来自世界各地的人都十分喜爱这些玻璃工艺品，所以，尽管价格很贵，仍然有许多人乐意购买。工匠们也因此获得大量财富。

在威尼斯，玻璃工匠的地位很高，与有名的画家和音乐家一样，被视为艺术家。当时，有一位玻璃工匠还当上了威尼斯的总督。有时候，玻璃工匠的女儿还可以嫁给王子。

世界各地的人都喜欢去威尼斯旅游。这里似乎是所有爱侣的最佳度蜜月圣地。爱侣们来到这里，会去参观圣马可教堂和总督的宫殿，在丽都海滩上享受日光的抚摸，乘着凤尾船在运河上遨游，在柔和的夜里聆听美妙的歌声和音乐。

历险手稿——拯救一个国家的鸽子 

圣马可教堂前面的广场上生活着成群的温驯的鸽子，它们不惧怕人类，有时还会停在你的手上或肩膀上，等着你给它们好吃的食物。

相传在很久很久以前，威尼斯陷于战乱之中，多亏一只鸽子送来的战争情报，才使威尼斯能够及时准备，抵御袭击，免于危难。从那以后，鸽子就受到威尼斯人的善待和保护，如果有人伤害鸽子，那么他可能会被拘捕，甚至还会被判刑。

在意大利流行这样一句话，一只鸽子发现了美洲大陆。这是事实。因为在意大利语中“哥伦布”就是鸽子的意思。

14 一个“含苞待放”的城市

佛罗伦萨原本是个女孩的名字，在意大利语中寓意为“含苞待放”。当火车沿着佛罗伦萨曲折的车轨前进时，会经过佛罗伦萨城市中央。在那里，有一个巨大无比的圆形屋顶。对于美国小朋友来说，这个屋顶看起来很眼熟，因为华盛顿国会大厦的圆顶就是照着它的样子建造的。这就是佛罗伦萨大教堂的屋顶。

佛罗伦萨大教堂

14 一个“含苞待放”的城市

如果你曾经到过有圆顶的屋子，那你一定已经发现，圆顶没有任何支柱支撑，但是上面的石块却稳稳地待着，不会掉下来。原来，人们在修建圆顶时，通常会先用木材搭建圆顶的模型，再将石块沿着木模型用水泥垒起来。当所有石块都站好自己的位置时，人们再把木模型拆掉。这样一来，石头便牢牢地粘在一起，形成一个圆顶。

当初，人们决定修建佛罗伦萨大教堂圆顶的时候遇到了一个难题。圆顶实在太大，如果要搭木模型的话，那么需要砍掉整片森林的树木才能凑齐所需的木材。因此，当时有人提出另一个方案：先在地上堆起一座高大的土山，并在土山里埋上许多钱币，接着在土山上建造圆顶。等圆顶造成以后，就把土山里埋藏的钱币送给人们。那样一来，一定会有很多人为了得到钱币而去挖土，等到所有钱币都被挖出来的时候，土山也就空了，这样就只剩下圆顶啦！这个想法虽然很有趣，但是没有人敢去尝试。

建造佛罗伦萨大教堂圆顶的工作最后落到一位名叫布鲁内莱斯基的艺术家身上，我们就叫他“布先生”。布先生有一位助手吉贝尔蒂，简称“吉先生”。其实，吉先生也想为佛罗伦萨大教堂修建圆顶，但他最终却只能给布先生当助手，所以吉先生便认为布先生抢了他的工作。于是，心中不服的吉先生便到处说布先生的坏话。

吉先生总是对别人说：“布先生根本没办法建成圆顶。他一定会失败。”

吉先生的冷言冷语，布先生在一开始的时候并不理会，他专心致志地与工人一起开展工作。渐渐地，圆顶修建工作接近尾声，人们只需要将圆顶的中间合起来，整个工程便结束了，而这个步骤也是最困难的。但是，作为助手的吉先生不但没有帮助布先生，还在背后说布先生的坏话，嘲笑他是个笨蛋。

布先生再也无法忍受吉先生的坏性格，于是便假装自己生病了，待在家里休息。这样一来，整个建筑工程只能停下来。只要布先生一日不来，工

佛罗伦萨洗礼堂

程就一日不能开工。这时，吉先生又开始说风凉话了："布先生根本就没病。他只是不知道该怎么继续建造圆顶，就想出了这样一招。就像那些不想上学的孩子假装生病一样。"

听了这番话，人们就到布先生的家里请求他继续出来建造圆顶。但是布先生说："吉先生不是说自己有办法将圆顶建好吗？你们为什么不去请他帮忙呢？我的身体实在虚弱，没办法继续工作。"

于是，人们就去请吉先生来继续建造圆顶。吉先生当然很开心，兴高采烈地接受了人们的委托。然而，吉先生接手后，发现自己根本无法完成圆顶的工程。人们没有办法，只得再次去布先生家里恳求他来造圆顶。于是，布先生趁机提出自己的条件："我当然可以把圆顶建完，但是我有一个条件，那就是请吉先生别再喋喋不休地说我的坏话。"

人们答应布先生，于是，吉先生在人们的监视中不再说布先生的坏话，布先生继续进行圆顶建造工程。最终，他成功完成了。

布先生建造的这一圆顶是世界上最漂亮的，其他任何相类似的圆顶都无法与之相比。可是布先生一直不愿意告诉人们他是如何把这个圆顶建成的，所以，直到现在，佛罗伦萨大教堂圆顶的建造方法仍然是一个谜。

天堂之门

虽然吉先生在建造圆顶的比赛中一败涂地，但是吉先生同样是位优秀艺术家，他擅长雕塑。吉先生有一件闻名世界的雕塑作品就在佛罗伦萨大教堂对面。

佛罗伦萨大教堂对面是一栋又低又矮的六面建筑，那就是佛罗伦萨洗礼堂。虽然洗礼堂不高大，但却拥有漂亮的青铜门。门上面有许多栩栩如生的人物，都是吉贝尔蒂根据《圣经》中的故事雕刻而成的。著名的艺术家米开朗琪罗看到这些门之后，感叹道：“这些门实在太美了，我想象中的天堂之门就应该是这样。”

米开朗琪罗——伟大的艺术家。他一生都生活在意大利，从来没有离开过。米开朗琪罗擅长绘画、雕塑和建筑。他的许多作品都为后代艺术家所敬仰。与米开朗琪罗同时代的艺术家都是全才，他们对各种艺术形式都很精通，从项链到教堂，从油画到雕塑，他们创作了各种各样美妙绝伦的艺术作品。

有一天，米开朗琪罗外出时捡到一块带有裂缝的大理石。原来，曾经有一位雕塑家想用这块大理石雕刻一个人像，但是却雕坏了，于是便把这块大理石丢弃。米开朗琪罗在看到这块大理石后，脑海中一下子浮现出了大卫

大卫雕像，米开朗琪罗作品。

年轻的身材。于是，他把大理石带回家，用凿子夜以继日地雕刻，最终，他完成了一件伟大的作品——大卫雕像。现在，你在佛罗伦萨可以看到两座比真人还高的大卫雕塑的仿制品。不但在佛罗伦萨，世界各地都有这件雕塑的仿制品，它们有大有小。许多人都喜欢把这些仿制品带回家，装饰自己的房间。

尽管都是意大利的城市，但佛罗伦萨城里的河流却不如威尼斯那样多。在佛罗伦萨，只有一条有名的河流——阿诺河。人们在阿诺河上修建了几座桥，其中一座名为“维奇奥桥”，意为“古老的桥”。桥的两边也有很多商店，就像威尼斯的里亚尔托桥一样。

维奇奥桥

历险手稿——歪歪斜斜的塔

离佛罗伦萨不远，有座名叫比萨的城市。那里有一座非常奇特的塔。这座塔不像其他地方的塔那样，笔直笔直地指向天空，而是倾斜的。这就是享誉世界的比萨斜塔。其实，比萨斜塔在一开始时同样笔直，只不过后来塔基不断地向一边塌陷，于是，塔就开始倾斜，看上去就像要随时倒下来一样。人们猜测如果塔基继续下陷，塔身继续倾斜，总有一天它会彻底倒下。

15 条条大路通罗马

早在两千年前，不管你站在世界的哪条道路上，只要你不停地往前走，最终都会到达一个伟大的城市——意大利的罗马城，因

圣彼得大教堂

此就有了“条条大路通罗马”的古谚。那时的罗马是全世界最大的城市，没有哪一个城市比它更富裕、更美丽。

那时，人们非常喜欢7这个数字，认为它能给人带来好运。罗马就建在7座山上，因此罗马也被称为“七丘之城”。有一条河流经罗马，那就是台伯河。尽管罗马曾经十分辉煌，但现在我们只能看到古罗马的一些遗址，当年那个强盛的古罗马已经一去不复返。古罗马虽然离我们远去，但一个新的罗马正在成长。现代罗马是意大利的首都，也是天主教的中心。在那里，住着全世界天主教的首领“罗马教皇”。“教皇”就是“父亲”的意思。

圣门

在罗马，有一座非常有名的大教堂——圣彼得大教堂。据说，圣彼得大教堂的位置，就是当年圣彼得被钉在十字架上的位置。后来，人们在他死去的地方修建了圣彼得大教堂。圣彼得的墓地也在罗马。在他的坟墓周围，每天都有许多虔诚的基督徒举行宗教仪式。这项仪式一直延续了1900多年，现在仍在继续。

圣彼得教堂与佛罗伦萨大教堂一样，有一个巨大的圆顶。实际上，圣彼得大教堂的这个圆顶就是仿照佛罗伦萨大教堂的圆顶修建的，但是要比佛罗伦萨大教堂的圆顶大得多。圣彼得教堂的圆顶实在是太大了，上面竟然有一个小小的村子，里面有教堂看守的小房子。

圣彼得大教堂的前门从来不关，但是前门右边的一扇青铜门，也就是“圣门”，每25年开一次。“圣门”外面有石墙围护，只有等25年过去，石

圣彼得像

墙才会被推翻，圣门才会打开。

圣彼得教堂是一座非常高大的建筑，教堂设施的规格也很大。在教堂里，可以同时举行30场宗教仪式。这里的天使雕像大得像巨人，鸽子的身体就像壮硕的雄鹰。在大教堂里，还有一座圣彼得的青铜像，它的双脚被无数天主教徒亲吻过。每年来圣彼得大教堂的教徒多得数也数不过来。

每年复活节或者举行盛大典礼的时候，圣彼得教堂会挂上深红色的绸布，点燃几千支蜡烛。人们点起香火，阵阵清香慢慢上升，升到高高的圆顶。一袭白色衣装的教皇、戴着红色帽子的红衣主教、几百位穿着长袍的牧师排着整齐的队形，在圣坛唱诗班男孩的圣

西斯廷教堂天花板米开朗琪罗的画作《创世纪》

歌声中，从通道上庄严肃穆地缓缓走向至高的圣坛。圣坛下面，就是当年圣彼得被钉死在十字架的地方。

圣彼得大教堂旁边是梵蒂冈宫。那是教皇居住的地方。你知道梵蒂冈宫中有多少个房间吗？据说有 1000 多个。梵蒂冈宫也是个著名的博物馆，大部分房间中都陈列着著名的绘画作品和雕塑。这里每年都吸引众多游客前来参观。

教皇有一座私人小教堂，这就是著名的西斯廷教堂。西斯廷教堂的天花板和墙壁上有米开朗琪罗创作的绘画。来这里的人通常会平躺在地板上欣赏这些漂亮的画，如果你不愿意躺下，那也可以通过镜子的反射来观赏。

早在圣彼得出现以前，罗马人相信很多神。当时，罗马人专门为众神建造了一座庙宇，也就是“罗马万神殿”。罗马万神殿也有一个圆顶，但是与圣彼得教堂的圆顶不同。如果说圣彼得教堂的圆顶像一个倒放的大杯子，那么罗马万神庙的圆顶就像一个倒着放的大碟子。

罗马万神殿的巨大圆顶

罗马万神殿的顶部有一个洞，就像一只注视天堂的眼睛，除此之外，万神殿里再也没有其他窗户。阳光和雨露都会通过这个洞落进来。当雨水洒进教堂时，往往还没有落到地面就会蒸发，可见那圆顶有多高。古罗马有许多建筑都因为年代久远而消失，但万神殿却保存得非常完整，几乎与刚建成时一样。

古罗马还有一个著名的广场，也就是罗马广场，很多美丽的宫殿、法

提图斯凯旋门

院、寺庙和拱形门都坐落在广场上。很久以前，人们为了让征战沙场的将军和士兵凯旋，就建造了拱门。在许多拱门中，有一扇叫“提图斯凯旋门”。提图斯是一个罗马皇帝的名字。他曾经攻进犹太人的首都耶路撒冷，并且摧毁了这座城市。为了庆祝这场胜利，人们建造了提图斯凯旋门。此外，还有一扇著名的拱门叫“君士坦丁凯旋门”，君士坦丁是罗马第一位信奉基督的皇帝。

君士坦丁凯旋门

历险手稿——古罗马竞技场

古罗马人有个古怪的爱好，他们很爱观看人和老虎、狮子等凶猛的野兽互相残杀。这些与野兽搏斗的人被称为角斗士，他们大多是俘虏，或者是即将被罗马皇帝处死的基督徒。

古罗马人特意建造了一个观看人兽残杀的场地，这就是世界八大名胜之一的古罗马露天竞技场，也称斗兽场。现在竞技场里已经不再举行角斗，而变成罗马有名的景点之一。

16 不安分的维苏威火山

维苏威火山口

一个灰堆有什么好看的？谁都不希望自己家的花园里有一个大灰堆，但是人们却对意大利的一个灰土堆青睐异常。这个灰土堆位于那不勒斯城后方，高1600米左右。当地人在“灰堆”所在的那不勒斯湾边建造了很多房子和酒店，方便人们欣赏“灰堆”的美景。这个“灰堆”就是维苏威火山。维苏威火山在世界所有火山中最为著名。

古代的人不知道为什么会有山喷火的现象，于是有了这样一个神话传说：有一个住在地底下的跛脚的铁匠一直在烧火炉打铁，大火炉中冒出滚滚黑烟、红红的火焰和大量灰烬，冲破底层，而大火炉上面那座冒着黑烟和火焰的山就叫火山。

世界上的火山分为休眠火山与活火山两种。休眠火山不会喷发，活火

维苏威火山喷发

山却经常活动。维苏威火山是一座活火山。它就像一个巨大的烟囱，爆发的时候，火山口白天会冒出浓烟和蒸汽，到了晚上会冒出火光。有时，火焰喷发得非常强烈，就会有很多石块和灰尘从火山口中冲出来，跳到天空中。灰尘会在空中飘浮很久，有时也会随风飘到附近的国家。每当这时，落日在火山灰中显得格外美丽。这真是一个神奇的现象。

火山火焰的温度奇高。石头碰到火山的火焰就会像黄油一样，一下子化成熔岩。这些熔岩从火山口流出来，顺着山坡不断往下流。但是，这些软软稠稠的熔岩冷却后，会再变成石头，也就是火山岩。这些石头坚硬无比，那不勒斯当地人会用它们来铺路。

很久以前，维苏威火山脚下有一座城市。这就是著名的庞贝古城。尽管维苏威火山指不定什么时候就会爆发，但庞贝人似乎一点儿也不担心。他们把家建在这里。不过有一天，维苏威火山发生了一次极为猛烈的爆发，很多人甚至来不及感受死亡前的恐惧，就被岩浆和烟尘吞没了。

这座古老的城池埋在地下约两千年才被挖掘出来。现在游客可以参观城中所有被挖掘出的房屋、寺庙和剧院，可以在拥有两千年历史的街道上散步，感受两千年前的商铺和房子，体验两千年前人们的生活。

记得有一回，我在那不勒斯城的时候刚好碰上维苏威火山爆发。一层看上去像雪一样灰色的东西布满街道。这些灰色的东西其实就是从维苏威火山飘来的灰尘。当地人会用车把灰尘装起来，倒到那不勒斯湾中。

那时，我特别想亲眼看一看火山里面的样子。于是我打定主意要到火山上去。不过，原本可以通往山顶的铁路报废了，所以我只能爬山。爬山的过程非常艰难，因为我每走一步就会陷入火山灰中。我手脚并用地花了大半天时间，终于爬到了山顶。

庞贝古城废墟

当我从火山口往下看时，一块石头突然从里面冲了出来。幸好我还算机灵，及时躲了过去。不过接下来我十分警惕，随时注意着突然间喷出的石头。不过，喷出来的石块太多了，越来越难躲开，所以我只好赶紧往山下跑。下山的路可一点儿也不比上山轻松，基本走一步就摔一跤。事实上，我并不是走下去的，而是连滚带爬地像个皮球一样滚跳着下山的。好在火山灰软软的，我并没有受伤。

等我回到山脚的时候，才猛然发现我的衣服早已经脏得不成样子。我下山的速度非常快，10 分钟就滚下来了，但是我在酒店洗衣服的时间却花去了好几个小时。

谁也不知道维苏威火山下一次爆发的时间，那不勒斯人好像并不担心这个问题。这是一座快乐的城市。

在意大利的大街上，你会看到很多人吹口哨，却很少看到有人唱歌。那不勒斯人却喜欢在大街上唱歌。特别是在晚上，你会看到出租车司机在唱歌，在街头玩耍的小孩在唱歌，就连穿着破烂衣服的乞丐也在唱歌。

仔细一听，大家唱的歌曲都来自音乐会或歌剧。那不勒斯曾经有一位著名的演唱家叫卡鲁索，小时候他也很喜欢在那不勒斯的街头唱歌。后来，他去美国发展，并取得了巨大的成功。直到现在，我们还可以买到他生前录制的唱片。

有人说，意大利语是世界上最动听的语言，似乎是为音乐而生。据说，学会了意大利语，就会不由自主地想唱歌。意大利语几乎每个单词都是以元音结尾，这种发音方式非常有利于歌唱。我们现在使用的乐谱好多都是用意大利语写的，像“钢琴”“大提琴”“女高音”“女低音”等一系列词汇都源于意大利语。

历险手稿——维苏威火山的喷发周期 

经过观察，人们渐渐了解了维苏威火山的喷发周期。人们发现，在猛烈爆发之后，维苏威火山会沉寂一段时间。比如，从1660年到1944年这近300年间，维苏威分别在1660年、1682年、1694年、1698年、1707年、1737年、1760年、1767年、1779年、1794年、1822年、1834年、1839年、1850年、1855年、1861年、1868年、1872年、1906年和1944年这几个年份发生了大爆发。

维苏威火山每一次喷发期的长度并不一样，短的时候只有6个月，但长的时候可以达到30年，而它的静止期长短也不一样，有时18个月，最长的时候有7年零5个月。

17 战争、童话、音乐在此交汇

“二战”后将德国一分为二的“柏林墙”

喜欢音乐的不只是意大利人，德国人也非常热爱音乐，但是这两个国家的音乐风格大不相同。

有些德国的音乐作品，声音洪亮，气势磅礴，听着这样的音乐，我常常会想到战争的场面。但是，有些德国音乐听起来温和柔美，容易让人产生甜蜜的喜悦。我们最熟悉不过的《平安夜》《圣善夜》就是德国音乐。虽然人们一提到歌剧，就会想到意大利，但是，德国的歌剧也同样优秀。

德国人是世界上最会讲故事的人之一，他们创作了许多优秀的童话。德国人的童话故事你一定不陌生，《格林童话》《小红帽》《青蛙王子》《灰姑娘》《白雪公主》《睡美人》……这些都是德国艺术家的创作。在许多故事、诗歌、歌曲和戏剧中，德国艺术家描述了德国人的生活，当然其中有一些是虚构的童话故事，也有一些是现实生活中真实发生的事情。

但是，就是这样一个喜欢音乐、爱讲故事的民族，却也十分好战。德国曾经策动了两次大规模的战争，把世界上所有国家都卷进战火中。在那两场世界战争中，德国几乎成了全世界共同的敌人。虽然德国人善战，但是最终都被打败了。

第二次世界大战结束后。战胜国为防止德国再次挑起战争，便将德国分成东德和西德两部分。苏联统治东德，美国、英国和法国共同统治西德。现在，东德和西德已经重新统一为德意志联邦共和国。

德国有一条著名的河流，名为莱茵河。它发源于瑞士阿尔卑斯山上的一座冰川，河水从山上流下，经过德国西部地区后，流向荷兰。在莱茵河两岸，你会看到很多耸立的山坡和奇怪的岩石。很久以前，这些山上有很多城堡，一些强盗贵族就居住其中。强盗贵族把城堡建在这险要的山上的好处是，他们既可以下山去抢夺别人的财产，又不会被别人袭击。现在这些已经成为废墟的城堡在当年可都是坚不可摧的。

在山谷居住的人非常害怕强盗。强盗时常从山上冲下来，毁掉人们的房子，抢走人们的财物。山谷里的人根本不是强盗的对手，所以，为了让强盗不再抢夺自己的东西，无奈的人只好主动把家中的物品送给强盗。

提到德国，男士们或许知道那有一种著名的香水“古龙香水”。古龙香水的气味非常浓，其实它还有一个名字，就是科隆香水。科隆是一座城市，坐落在莱茵河边上。“科隆”有“殖民地”的意思，这座城市叫“科隆”，是因为这里曾经是古罗马的殖民地。

科隆有一座举世闻名的教堂——科隆大教堂。这座教堂规模宏大，人们用了整整 700 年的时间才建成，因此，它被称为全世界建造时间最长的建筑。虽然科隆有著名的科隆大教堂，但是它并没有因此成为德国最著名的城市。德国最著名的城市是其首都柏林。

第二次世界大战前，柏林城里，道路整洁，建筑壮观，公园环境优美，到

科隆大教堂

处都装饰着精美的雕塑。这里曾被誉为世界上最漂亮、最干净的城市。但是，第二次世界大战爆发后，柏林城中的许多建筑物都被战争摧毁，整座城市几乎成了一片废墟。

在德国还被分成东德和西德的时候，柏林属于东德。虽然东德属于苏联的统治区，但是，柏林却是由苏联、美国、英国和法国四个国家共同管理。在第二次世界大战期间，苏联与其他国家结成统一战线，共同对抗德国。战争结束后，苏联与原来战争盟友的关系变得越来越糟糕。苏联不让英国、法国和美国通过铁路和公路向柏林运送物资，所以，当时柏林人的食物和煤炭等物品都是美国和英国用飞机运送过去的。这种情况一直持续了一年半，人们把这叫作“柏林空运”。

后来，苏联意识到他们对公路和铁路的封锁根本阻挡不了英、美两国，于是，苏联停止了此种封锁。

如果你从北海边的一座城市到波罗的海边城市，就必须经过一个独立的小国——丹麦。从地图上看，德国版图有一小块地方向外凸出，就好像我们翘起来的大拇指。丹麦就在这根“大拇指”上。德国正好在北海和波罗的海的交界点，所以，德国人为了让交通更便捷，便在“大拇指”下面开辟了一条运河——基尔运河。

历险手稿——听不见声音的巨人

1787年4月，一位其貌不扬的年轻人去拜访当时的大音乐家莫扎特。当他大展身手的时候，莫扎特一边惊叹他的技艺，一边向当场的朋友说：“这位青年日后一定能在乐坛掀起狂澜。”不到十年，莫扎特的预言果真应验了。此人就是世界著名作曲家、钢琴家路德维希·凡·贝多芬。

贝多芬出生在德国波恩，他的祖父和父亲都是宫廷歌手。或许是受了祖父和父亲的影响，贝多芬从小就展现了极高的音乐天赋。而贝多芬的父亲也将他作为莫扎特之后的第二个神童培养。父亲强迫小贝多芬学习扬琴。如果贝多芬稍有不顺，就会被父亲毒打一顿。就这样，贝多芬度过了一段并不快乐的童年。

尽管如此，贝多芬长大后果然成为一名杰出的音乐家。他写出了许多优秀的音乐作品。然而，天公不作美，1796年，26岁的贝多芬觉得自己的耳朵有些不太对劲。渐渐地，贝多芬发现自己的听力越来越差。最后，他再也听不到任何声音，从此，他只能和朋友用笔在纸上交谈。

在这悲苦的深渊里，贝多芬并没有放弃自己的梦想。他仍然坚持音乐创作。失去听觉的贝多芬写出了不朽的音乐巨作，而他与命运抗争的顽强精神，也同他的音乐一起，永远留在人们心里。

18 丹麦人的故事

丹麦附近有两处海峡连接着北海和波罗的海。它们就是斯卡格拉克和卡特加特，“卡特加特”的意思是“猫的喉咙”，“斯卡格拉克”也是“喉咙”的意思。

丹麦的版图主要由两部分组成。我们前面说过的，形状像大拇指的部分是日德兰半岛。据说，这里曾经是朱特人的家园。日德兰半岛旁边是西兰岛。“西兰”是“海上的陆地”的意思。

哥本哈根是丹麦的首都，也是这个国家唯一的大城市，就位于西兰岛。“哥本哈根”的意思是“商人的海港”。很久以前，来自北海的商人乘船前往波罗的海地区经商，大都会选择在哥本哈根靠岸。但是，自从德国人开辟了基尔运河之后，商船大多不再从斯卡格拉克海峡和卡特加特海峡经过，而是直接穿过基尔运河，这样会缩短航程。

在一千多年前，欧洲人提到丹麦人时，或许会觉得害怕，因为那时丹麦人是远近闻名的海盗。他们经常乘船到其他国家去进行掠夺。不过现在的丹麦人早已经不干海盗勾当了，他们安分地在自己的土地上生活，但他们依然是优秀的水手、航海健将。在丹麦的一些城镇，人们都在从事与海运有关的工作，不是水手就是造船工人。

当然，还有许多不去航海的人，他们从事的工作大都与黄油和鸡蛋有

哥本哈根新港

哥本哈根的美人鱼铜像

童话世界格陵兰岛

关。丹麦有许多奶牛，人们将牛奶制成黄油，把优质的黄油出口到其他国家，卖出很好的价钱。丹麦人自己吃的黄油却是用脂肪或者油脂做成。

除了奶牛，丹麦人也养了很多鸡，收获了很多鸡蛋。丹麦人在鸡蛋上都印着生产日期，人们可以通过生产日期来判断鸡蛋是否新鲜。多余的鸡蛋也会出口到其他国家。

丹麦也号称全世界最适合居住的国家之一，人们的平均寿命要比很多国家长，我们在那里可以看到许多长寿的老人。

丹麦是个领土很小的国家，但它却有两个面积比自己领土面积还大的岛屿，一个叫冰岛，一个叫格陵兰岛。如今，冰岛已经是一个独立的国家，而格陵兰岛仍然隶属于丹麦。

格陵兰岛的英文名字是“Greenland”，意为绿地。不过，你可千万不要被这个名字欺骗。事实上，格陵兰岛简直就是个冰雪世界。岛上覆盖着厚厚冰层，就像一条巨大的白色棉被盖在格陵兰岛上。

格陵兰岛海边的冰层经常会因为融化而大块大块地脱落。有些脱落的冰层甚至有一座教堂那么大。这些巨大的冰层随着洋流四处飘移，就像一座四处飘移的山。于是，人们把它们叫作“冰山”。在北极附近航行的船只，可真要小心这些移动路障（冰山）了。

格陵兰岛上生活着因纽特人。因纽特人的食物主要有鱼、动物和鸟类。有一种鸟成群结队地栖息在格陵兰岛上，这就是海雀，数量很多。因纽特人可以像网罗蝴蝶一样，捕获很多海雀。每捕一次海雀，就够他们吃上好几个月。就算吃不完海雀也不要紧，因为这里的食物很难变质，要知

因纽特人

麝牛

道，寒冷的格陵兰岛可是一个天然的大冰箱。

格陵兰岛上的温度非常低，有时会低到零下 21 摄氏度。因纽特人会用海雀柔软的羽毛做成舒适柔软的衣服来御寒。岛上还有一种名叫绒鸭的鸟，它的羽毛比海雀的羽毛还要柔软。绒鸭的鸭绒是世界上最柔软的东西之一。用它做成的裤子又软又轻，非常暖和。绒鸭蛋也是因纽特人最喜爱的食物之一。他们每次都可以在野外捡上几千个鸭蛋。

因纽特人不像我们经常吃牛羊肉或猪肉，他们的肉类食物主要是麝牛肉。格陵兰岛上实在太冷，普通的牛到了这里一定会被冻成一块大冰坨，但是麝牛不一样。它浑身长着又长又粗的毛，帮助抵御寒冷，因此它们可以在天寒地冻的地方生活。

如果你看见麝牛的话，一定会觉得它非常强壮，但事实上，麝牛非常瘦。因为麝牛的皮毛很厚，但剥去这层皮毛它们就一下子“缩水”了。这就像我们在寒冷的冬天穿上一件又肥又大的棉衣，仿佛一下子长大了一圈，但是脱掉棉衣，我们还是跟原来一样大小。

因纽特人的房屋

因纽特人的狗拉雪橇

除麝牛外，因纽特人还会捕一种水陆两栖的动物——海象。比起吃海象的肉，因纽特人更喜欢海象的长长的象牙。

因纽特人最喜欢吃肥肉，一块大肥肉在因纽特人看来就是一顿非常可口的美食。肥肉中含有大量的脂肪，而脂肪有保暖的功能，可以让因纽特人在极度寒冷的岛上愉快地生活。

海豹也是格陵兰岛常见的动物。世界上最昂贵的皮草就是用海豹的皮毛制作而成。夏天，岛上会刮起猛烈的大风，因纽特人就用海豹的皮毛搭帐篷，用石头压住帐篷以防被风刮走。冬天，因纽特人住的房子非常特别，你在其他地方可看不到，因为房子都是在冰里面凿出来的。这样的房子没有窗户，非常矮，以至于人在里面不能站立。

因纽特人通常用火把或者一盏灯照明。他们把一根蘸有油脂或者动物脂肪的灯芯放进凿了坑的石头里，再把灯芯点燃，就制成了一盏简单的灯。

因纽特犬是因纽特人的朋友。当地人会同时用 4 条、8 条甚至更多因纽特犬拉雪橇。狗拉雪橇就相当于我们的马车和汽车一样，是因纽特人的主要交通工具。我们所见的狗大都喜欢水，喜欢跳到河里或者泳池中玩水。因纽特犬与我们见过的狗不一样，它们非常害怕水，只有在主人用鞭子逼迫的时候，它们才会勉强下水。

因纽特人非常勇敢，生活在漂浮着巨大冰山的寒冷雪地里却一点儿也不害怕。他们会制造一种很特别的独木舟，叫因纽特划子。这种小舟只能中间坐人，其他地方全部封闭，就算船翻了，水也不会浸到里面。因纽特人掌握了高超的划船技巧。他们有一种划船运动，即故意将船打翻，船上的人仍然猛力地向前划，以展示自己的划船技巧。

历险手稿——孩子们永远的朋友

提起丹麦，就不得不提到一个举世闻名的作家。你肯定读过他写的童话故事，比如《卖火柴的小女孩》和《丑小鸭》。这位伟大的作家就是汉斯·克里斯汀·安徒生。

安徒生的童话灵感都来自他自己的人生经历。他曾说：“它们像‘种子’一样藏在我的思想中，一股涓涓细流、一束阳光，或一滴苦酒，就能使它们破土而出。”

19 丹麦旁边的一条“鲸鱼”

丹麦附近有“一只张着大嘴的鲸鱼”，它的大嘴正想吞下丹麦这个小小的国家。你没有看到这只鲸鱼吗？将地图按顺时针方向旋转 90 度呢？这下看见了吧。

这只“鲸鱼”就是斯堪的纳维亚半岛，挪威位于“鲸鱼”的背部，而斯卡格拉克海峡和卡特加特海峡就像“鲸鱼”的喉咙。“鲸鱼”的一侧是挪威，另一侧就是瑞典。斯堪的纳维亚半岛由挪威和瑞典共同组成。

说斯堪的纳维亚半岛像鲸鱼，还有一个重要的原因：半岛附近的海域里生活着许许多多的鲸鱼。虽然我们总是“鲸鱼”“鲸鱼”这样叫，但事实上，鲸鱼并不属于鱼类。鱼类是和小鸡一样通过下蛋来繁衍后代，只不过鱼类下的蛋非常小罢了。但是鲸鱼不下蛋，而是像猫妈妈生小猫一样直接生下鲸鱼小宝宝。你有没有发现鲸鱼经常浮出水面来呼吸，那是因为鲸鱼像我们人类一样需要呼吸新鲜空气，只不过鲸鱼特别能憋气，它们每到海面呼吸一次就够在水里待上好长一段时间。所以，鲸鱼和人类一样，都是哺乳动物。

鲸鱼特别喜欢吃一种名叫鲱鱼的小鱼。鲸鱼的大口一张，数以万计的鲱鱼就全都进肚。不过，鲱鱼不会因此而灭绝，因为它是一种繁衍非常快的海洋生物。每年，挪威人会从大海里打捞很多鲱鱼，用盐腌、烟熏或者

世界最北端的城市哈默菲斯特城

直接晒干，然后将处理好的鲱鱼出口到其他国家，所以，世界各地的人都有机会吃到美味的鲱鱼。

挪威距离北极很近，但这里的海水却从不结冰。说到这里，好奇的孩子不由得会想，既然挪威气温那么低，海水怎么不结冰呢？这全靠温暖的墨西哥湾海水。

你一定觉得我糊涂了，挪威和墨西哥湾距离那么远，它们怎么会扯上关系呢？这么跟你说吧，我家地窖有一个锅炉，燃烧锅炉能使管道中的水温上升，即使离地窖最远的房间也能感觉到锅炉的温暖。同理，墨西哥湾在地球上就扮演了大锅炉的角色，海水吸收太阳的热量，形成一道暖流，就叫湾流。湾流流入大海，顺着墨西哥湾漂到挪威海岸，挪威峡湾中海水的温度就会上升。

鲱鱼群非常喜欢峡湾的温暖海水，它们在这里快乐地成长。挪威的渔民根据鲱鱼的生长环境特点，都会来这里捕鱼。当然，鲸鱼也喜欢来峡湾附近觅食。

挪威的哈默菲斯特城是世界最北部的城市，墨西哥湾暖流也在这里到达挪威。随着湾流来到这里的还有很多木棒。这些像玩具船一样的木头叫作漂流木。挪威人会把搁浅在岸边的漂流木捡回家当柴火烧。漂流木燃烧的火焰与普通的木材不一样。普通木材燃烧的火焰是黄色，而漂流木经过长时间的浸泡后含有很多盐分，燃烧的时候会发出蓝色、绿色和紫色的火焰，非常漂亮。

挪威有一个岛屿周围盛产鳕鱼，这是一种比鲱鱼大的鱼。挪威人捕捞鳕鱼后，从它的肝脏中提取鱼肝油，出口到其他国家。鳕鱼还会被剔除鱼骨，晒成鱼干做成食物。

坐落在挪威一个峡湾上的小城——卑尔根是世界上拥有鱼类和鱼量最多的城市之一。卑尔根的鱼的种类很多，大鱼、小鱼，身体肥厚的鱼和身

卑尔根

体细薄的鱼，还有黑色的鱼、白色的鱼……卑尔根的渔民都会把捕捞上来的鱼装上船，运到其他城市或国家。

如果你到卑尔根去一定要记得带好雨具，还要记得随时把它带在身边，否则你很有可能被一场突如其来的降雨浇成落汤鸡。卑尔根总是下雨，晴天少得可怜，所以，卑尔根是欧洲最潮湿的地方。

如果你在下雨的时候拿着一个大桶站在外头接水，除非这场雨很大，否则，要经过很长一段时间你才能接到1英寸水。桶里的水就是我们通常所说的“降雨量”。卑尔根的降雨量很大，一年的降雨量能达8英尺。如果这些雨集中在一次全都下完，那卑尔根就要被洪水冲跑了。

挪威是一个靠海的国家，卑尔根多雨正是这个原因。海洋不但给挪威带来大量的鱼类与降雨，也让这里的人成为出色的水手。所以，如果你有一张世界著名水手的清单，那么里面一定会有挪威人。挪威每个家庭都有船。在很久以前，挪威人就因航海探险而闻名遐迩，其中雷夫•埃里克森是当时最著名的航海探险家，他的父亲也是。

其实，在哥伦布发现美洲大陆前500年，雷夫就发现了新大陆，只可惜，雷夫回到挪威时没有告诉别人他到了美洲大陆，而且当时对新大陆没有什么想法，所以，后来人们就知道哥伦布发现了美洲大陆。

除了雷夫，挪威还有好多著名的航海家，如曾经试图去北极点的斯堪的纳维亚探险家南森和阿姆森。不过，他们最终都没能成功到达北极点。后来，阿姆森成功抵达南极点，而第一个到达北极点的人是美国探险家皮尔里，之后，还有一些飞机和挪威的一艘飞船向着北极点飞去。

北极和南极是冰雪世界，在那里行走要依靠雪橇。如果在冬天的挪威，你同样需要穿上像雪橇一样的滑雪板，双手各拿一根滑雪棒，撑着身体往前滑行。想象一下，冬天大家都滑着滑雪板出门，那么整座城市就变成一个巨大的滑雪场。

历险手稿——白色煤炭 

恐怕没有人会认为煤炭是白色的，但是偏偏挪威和瑞典就有。这些白色的煤炭不是用来燃烧的，那么它们究竟是干什么的呢？

原来，挪威和瑞典山上有许许多多冰雪。冰雪融化后，会变成泉水顺着山坡流下，于是，瀑布便形成了。瀑布的巨大力量可以推着轮子转动，产生动能，就像煤炭可以使机器运转一样，瀑布也可以使锯木厂和机器运转起来，因此这里的瀑布就被称为“白色的煤炭”。

20 太阳不落山的国度

“海面上铺洒着温暖耀眼的阳光，直到半夜，太阳公公仍然留在天上……”那天，我正给9岁的小侄子读童话《海象和木匠》。这才刚听到开头，小侄子就说：“半夜里见不到太阳。”

“哈哈！”我大笑起来，“在童话里什么都有可能发生，但是，现实也有一个地方在半夜还能看到太阳。”小侄子当时就瞪大了眼睛，你也一定感到很惊讶。我没有说谎。在挪威最北端有一块叫“北角”的大岩石。原本那是一片无人区，但是后来有许多人特地赶到这里欣赏海景，于是就挤满了从世界各地来的游客。这里的海景很特别，就与《海象和木匠》开头里说的一样——直到半夜太阳公公仍然留在天上，海面上铺洒着耀眼的阳光。

挪威北角

“太阳从哪里升起哪里落下？”这

个问题很简单，你一定一下就想到了答案："太阳自然是白天从东边升起来，晚上从西边落下。"但是，生活在挪威和瑞典北部的孩子可不这样认为。

在挪威和瑞典北部，太阳会有半年的时间一直停留在天空中。在这6个月里，太阳仿佛特别留恋天空，每天都待在此处，所以这里天天都是白天。但是在这段时间，太阳的高度会变化，它会慢慢接近地平线，每天近一点点，直到最后消失在地平线以下。这一次消失之后，太阳在接下来的6个月里再也不出来。所以，在这半年，这里每天都是黑夜。

为什么会这样呢？在告诉你答案之前，请允许我先给你讲一个简单的例子。

我有一个朋友，他住在山的一侧，我住在山的另一侧。有一天，这位住在山那边的朋友来找我玩。我看到他从山坡向我走来，他在山坡上的一举一动我都能看见。我们一起度过了快乐的一天，到了晚上，我的朋友要

极昼和极夜

翻山回家了。我站在门口送他，在朋友翻过山后，我就再也看不到他在山那一侧的活动了。

驯鹿拉雪橇

我们站在地球上看太阳，就如同我看着朋友翻过山一样。当太阳运动到我们居住地区的另一端时，我们便看不到它。这时，我们住的地方便进入黑夜。但是，如果你在北极，有时在夜里也能看见太阳。

地球的北极有时是“夜晚光明的土地”，有时是“白昼昏暗的土地”。原因很简单，北极一年中，有半年的时间太阳在夜里仍然不落，剩下的半年时间，太阳却一直待在地平线以下，总是不见升起。

传说，北极是圣诞老人的故乡。在北极生活着一种名叫驯鹿的动物。就是它拉着圣诞老人的雪橇，在圣诞夜里给每个家庭送去圣诞礼物。北极十分寒冷，除苔藓以外，其他植物都无法生存，而驯鹿就以苔藓为食。

即便是自然条件恶劣的北极，依然有人类居住。北极当地的居民是拉普人。拉普人长得很像因纽特人，而他们和中国人长得很像。我猜这两种人与中国人有共同的祖先。其实，真正与驯鹿生活在一起的就是拉普人。拉普人和驯鹿一起，住在同一个房子里。驯鹿对拉普人而言非常重要，他们的衣、食、住、行都离不开驯鹿。驯鹿可以为他们拉雪橇，为他们提供奶制品。驯鹿的肉可以充饥，它的皮可以做成衣服和帐篷。

奥斯陆

挪威人、瑞典人、美国人的相貌没什么两样。但我总觉得一些挪威人和瑞典人比我们更聪明。我认识的一些瑞典人，有的能说 12 个国家的语言，有的能把奶油从牛奶中分离出来却不用脱脂。我还认识两个小孩，他们能用自制的机器生产冰块。

挪威和瑞典在很久以前其实是一个国家，后来它们各自独立，由不同的国王统治。在你爸爸还小的时候，挪威的首都是克里斯丁亚那。其实，克里斯丁亚那就是现在的奥斯陆，只不过名字不一样而已。

瑞典的首都是斯德哥尔摩。斯德哥尔摩城里有许多水道，因而享有“北方威尼斯”的美誉。奥斯陆和斯德哥尔摩都坐落在海边，不过，墨西哥暖流无法影响它们。到了冬天，这两座城市的港湾都会结上厚厚的冰，船也无法停靠。

其实，我们可以通过一个人的名字来猜测他来自哪里。如果你听到有个人名叫奥利，那他很有可能来自斯堪的纳维亚地区。因为这个名字是那里最常见的名字之一，就像马力、约翰是美国人最常使用的名字一样。当然，除奥利外，如果你听到有人名叫汉斯或艾里克斯，那他说不定同样来自斯堪的纳维亚地区。

美国人称呼某人时，喜欢在名字后面加一个“逊”，这样“约翰”就变成一个新名字“约翰逊”。斯堪的纳维亚半岛上的居民也有这样的习惯，他们喜欢在名字后面加一个字构成一个新名字，但不是什么“逊”，而是“森”。比如，艾里克森、汉森、阿姆的森、彼得森、南德森、奥德森等。

如果你翻开威斯康星州或明尼苏达州的电话簿，会发现上面有许多这样的名字。这是因为威斯康星州或明尼苏达州的居民有许多是挪威人或瑞典人的后裔，当然，他们中也有一些是从挪威或者瑞典迁到美国的移民。因为威斯康星州和明尼苏达州的环境与挪威或瑞典很像，所以，来自那里的移民都愿意住在这两个州。

在挪威语中，我们可以看到很多长得像英语的单词。几千年前，甚至

瑞典首都斯德哥尔摩

可能更久远，有一些挪威的水手到了英国，随后便在英国定居。这些水手把挪威语中的一些词语带进英国，直到现在，我们仍然在使用这些。所以，并不是挪威语效仿英语，而是英语中有许多古老的挪威语，当然，现在英语中的挪威语发生了一些改变，与它们最开始的样子不尽相同。

历险手稿——纳维亚半岛上的武士

生活在斯堪的纳维亚半岛上的男人曾经是勇猛的武士。他们喜欢喝一种用蜂蜜酿的烈酒，并用敌人的头颅做酒壶。他们的神话中有很多神，其中，雷神托尔和战神蒂乌是他们最崇拜的神。他们还根据不同神的名字命名“星期二”“星期三”“星期四”“星期五”。这些词和英语中对应的单词读音非常像。

21 盛产神话的地方

从前，古希腊有个奴隶名叫伊索。他是一个很会写故事的人。人们从他写的故事里学到许多为人处世的道理，因此，人们都很喜欢读他写的故事。也是为此，伊索的主人重新给了他自由。人们把伊索写过的所有故事编成一本故事书，名字就叫《伊索寓言》。怎么样，这本书的名字是不是很熟悉？你一定读过其中的一些故事。我也很喜欢这本书，要知道，它可是我读过的第一本故事书。

伊索的故乡希腊是个很小的地方，但是，古代希腊却是世界上最了不起的地方，希腊人是世界上最伟大的民族，他们的语言也是最伟大的语言。当欧洲其他地区还处在蛮荒愚昧的时代时，古希腊人已经建造了宏大的建筑，写出了伟大的书籍，产生了影响深远的学术成果。

古希腊人的文明十分独特。比如，那里盛产神话。我相信你们中有许多人都听过希腊神话。在古希腊神话中，世界有多个神统治，如太阳升起来，是因为太阳神阿波罗驾着他的马车出来巡游；雨神是朱比特，他发怒时，天上就会阴云密布、雷电交加；当然，还有爱神、战神等。所有神中权力最大的，则是众神之王——宙斯。希腊人还认为，众神就住在奥林匹斯山的山顶。

奥林匹斯山

众神并不仅仅存在于古希腊的神话中，现实中，古希腊人同样相信神明存在，如古希腊人相信神谕。雅典城外的德尔斐是当时古希腊最有名的占卜场所。德尔斐的地面有一条冒着特殊气体的裂缝。裂缝上有一座小神庙，里面供奉着女神西比尔。裂缝中冒出的气体能让神庙的女祭司陷入冥想状态。据说，当女祭司冥想时，便可以在梦中占卜未来。当时有许多古希腊人都到那里去算命占卜。但是，德尔斐神庙里的西比尔女神像和雅典娜神像一样不翼而飞，没人知道它们被丢在什么地方。

古希腊人还建造了许多神庙来供奉众神。在希腊，有一道4英里宽的科林斯峡谷将希腊分成南、北两个部分。举世闻名的城邦雅典就在希腊北面。在希腊，每座城市都有一个保护神，雅典的保护神是智慧女神帕拉斯·雅典娜。雅典城市的名字就是以雅典娜的名字来命名的。

雅典人在一座山上建造了当时世界上最宏伟华丽的神庙——帕特农神庙。这座神庙既没有圆顶也没有尖顶，四周却有许多风格独特的柱子做支撑。原来在帕特农神庙里有一座用黄金和象牙制成的雅典娜塑像，十分精美华丽，只可惜它被小偷偷走，至今下落不明。

宏伟的帕特农神庙也已被战火摧毁，现在只剩下残垣断壁。神庙里的许多精美雕塑，都被人运到英国伦敦大英博物馆。因此，如果你想了解希腊风格的雕塑，不必专门去希腊，去伦敦就行。

帕特农神庙遗址

雅典城外有一座山叫彭特利库斯山。雅典城的大理石雕塑和建筑物的石料都产自此山。有人认为，古希腊的雕塑和建筑这样完美与当地的优质大理石密不可分，但我并不同意这样的说法。因为现在彭特利库斯山上虽然仍然生产大理石，但是雅典再也没能出现与古代建筑相媲美的伟大作品。

说到雅典，这里还有一件特别的东西。雅典城外的伊米托斯山盛产一种美味的蜂蜜。据说这种蜂蜜是诸神的食物，古希腊人称它为“神果”。不过，神果并不是只有众神才能尝到，你到雅典城里的饭店里就能品尝到这种美味。

说希腊语是最伟大的语言，是因为希腊语就在我们周围。“音乐”“博物馆”“娱乐”，这三个词都是希腊语，且都与一位美丽的女神缪斯有

帕那辛纳克体育场——曾经为纪念女神雅典娜而举办的泛雅典运动会的古希腊运动场。世界上唯一一座全部用大理石修建的体育场。

关。缪斯住在一处叫卡斯塔利亚的泉水旁，这眼泉水也在德尔斐。当地人传说，谁喝了这里的泉水，谁就能成为诗人和音乐家。如今，泉眼里依然冒出泉水，路人和羊群都可以在这里解渴，但是我没有听说雅典有哪一只羊能开口唱歌。

古希腊各个城邦每年都会派出优秀的选手在奥林匹斯山山脚下参加运动会。这个运动会你一定不陌生，那就是奥林匹克运动会。不过，那时的奥运会与现代奥运会并不一样，它是现代奥林匹克运动会的前身。

运动会期间，来自希腊各地的参赛者参加跳高、跳远等比赛。当时，在比赛中获得冠军的人并没有奖牌，奖品是一顶用月桂树枝条编成的“王冠”，也就是我们常说的“桂冠”。

在古雅典繁荣时期，人们专门在雅典城内修建了一座举办奥林匹斯运动会的体育场，但随着雅典的衰落，体育场也废弃了。几千年后，有位希腊富翁想做一些慈善公益事业。于是，他出钱将古体育场翻修一新，还铺上了大理石，所以，现在的人又可以在那里重温古代奥林匹克运动会的场景了。

古希腊有数不清的骄傲，现在的希腊最有名的是加仑子。它是一种没核的葡萄干，非常好吃。我们经常能在蛋糕和布丁里吃到。当然，还有一些地方把它榨成汁，做成饮料。

历险手稿——爱琴海的传说

琴是希腊很有名的竖琴师。传说，她的琴声能平复海王波塞冬的盛怒，能令寡言的冥神哈迪斯展现笑容，也能让善妒的赫拉心生宽容。

国王很想邀琴来弹奏，可是琴并不愿为一个只会享乐的国王弹琴。于是国王悄悄地来到琴所在的地方，结果，国王与琴一见钟情，坠入了爱河。

然而，就在这个时候，希腊爆发了战争，国王不得不奔赴战场指挥作战。琴就只好每天去曾经约会的地方弹琴，以解相思之苦。但不幸的是，琴没有等回国王，却等来了他战死沙场的消息。

从此，琴每天晚上都会对空弹琴，向天堂传递情意给国王，然后第二天早晨，到处收集散落的露珠。

许多年后，琴再也弹不动她的琴，一睡不起。人们将琴一生收集的5213344瓶露水全部倒在了她沉睡的地方。当最后一滴露珠落地，在琴的坟墓边就涌出了一道清泉，再由泉变溪、由溪成河、由河聚海。后来人们就把这个海称为“爱琴海”。

22 不被注意的9个国家

芬兰首都赫尔辛基

世界上的城镇多得数也数不过来，但是真正能为人们熟知的却并不多。在俄罗斯与欧洲其他国家之间有9个小国，它们被人冷落了很久。这9个国家分别是芬兰、波兰、奥地利、匈牙利、捷克、阿尔及利亚、保加利亚、罗马尼亚、南斯拉夫。

这9个国家中，有一个国家名字最后一个字是“克”，有一个是“夫”，两个是“兰”，还有两个是“利”，另有三个是以“亚”做结尾。我相信，如果不是我特意提到这9个国家，你可能完全没有听说过它们的名字。其实，每个国家对生活在那里的人都至关重要，国家小并不意味着不重要。

芬兰和奥地利是俄罗斯的两个邻居。芬兰是总统制民主共和国，位于

波兰的华沙城堡广场

俄罗斯和斯堪的纳维亚半岛中间，它在这9个国家中是领土面积最大的，芬兰境内有很多沼泽地和湖泊，所以，人们把它称作“布满沼泽的地方”。芬兰和挪威、瑞典有很多相似的地方：海岸线布满峡湾，纸张和火柴是当地主要出口的东西。

另一个以“兰”字结尾的国家是波兰。“波兰”的意思是“平坦的大地”。波兰拥有肥沃的良田、丰富的铁矿和煤炭资源，还是盛产世界级音乐家的地方。波兰南部曾有一个地域狭长而且名字很有趣的国家，叫捷克斯洛伐克。我收藏有一套精美的瓷器，上面都印有“捷克斯洛伐克造”的字样。我不知道现在那里是不是还像以前那样盛产玻璃器皿和瓷器，因为1993年1月1日，捷克斯洛伐克被分成

捷克首都布拉格

多瑙河畔的匈牙利首都布达佩斯

两个国家——捷克和斯洛伐克。

欧洲历史上有过一个很强大的国家——奥匈帝国。如今，它变成两个独立的国家——奥地利和匈牙利。有一条与莱茵河齐名的河流经这两个国家，很多童话寓言、诗歌和交响曲之类的音乐作品都与这条河有关，这就是多瑙河。一首著名华尔兹圆舞曲的名字便是用它命名的，名为《蓝色多瑙河》。维也纳是奥地利的首都。那里的美食值得所有去旅行的人品尝，同时诞生了许多世界级的音乐家，因此也是著名的“音乐之都”。

奥地利维也纳的金色大厅

不知道你有没有听说过关于吸血鬼的故事。在这9个小国中，有一个国家流传着许多关于吸血鬼的传说与民间故事。这就是黑海边上的罗马尼亚。历史上，罗马人曾占领过罗马尼亚。罗马人根据“罗马”，将这里称作“罗马尼亚”，即“罗马人的国家”之意。

紧挨着罗马尼亚的保加利亚也坐落在黑海边。这是一个山川纵横的国家。保加利亚有肥沃的良田、广袤的森林，熊、野猫、野猪等野生动物经常出没在森林中。保加利亚有一种野山羊很有名，人们叫它北山羊，此外，这里还有一种酷似山羊的岩羚羊十分有名。你的父亲用来擦洗车辆用

罗马尼亚的布朗城堡，也被称作“吸血鬼城堡”

保加利亚首都索非亚的亚历山大·涅夫斯基教堂

的布——岩羊布就得名于此。最初，岩羊布都是真羊皮，现在人们大都用其他材料代替真羊皮制作。

除了法国之外，保加利亚的香水制造同样出名。这里出产的“玫瑰香精”闻名世界。一小瓶玫瑰香精需要用一个小型温室所产出的所有玫瑰花瓣来制作，所以玫瑰香精的价格十分昂贵。

这9个国家中，面积最小的是阿尔及利亚。阿尔及利亚是一个农业国家，小麦和畜牧业是当地人重要的生活来源。如果你在阿尔及利亚见到男人穿裙子可千万不要觉得奇怪，因为男人穿裙子是阿尔及利亚的传统。男人穿的裙子到膝盖，与跳舞穿的裙子一样，裙摆比较大。当然，苏格兰男人也穿裙子，只是这两种裙子大不相同。阿尔及利亚男人的裙子一般是白色，远远看去，更像是厨房里用的围裙。

南斯拉夫是一个盛产铜矿的国家，铜的产量位居欧洲第一，而且，当地森林资源十分丰富。南斯拉夫与意大利之间隔着亚得里亚海，遥相呼应。如果你想在地图上找到这个国家，那只是白费功夫。因为这个国家已经分裂成好多小国家——塞尔维亚、黑山、克罗地亚、斯洛文尼亚、马其顿、波斯尼亚、黑赛哥维那，所以，你再也没法在地图上找到“南斯拉夫”了。

历险手稿——神秘的吉卜赛人 

罗马尼亚有一个民族，被誉为世界上最会算命的民族，那就是吉卜赛人。占卜是吉卜赛人，尤其是吉卜赛妇女的一个传统行业。吉卜赛人很爱干净：他们的敞篷车里，永远都会有三桶水，一桶水清洗食物，一桶水洗脸，一桶水洗脚；如果一个人不小心将裙角碰到碗周，那么这碗食物务必要倒掉；如果一个人被定为“不洁”，那么他会被驱逐于部族之外。

23 冻土之上的国家

我来给你讲一个故事：

一天，一个俄罗斯人在雪地中乘着雪橇前行。突然，一群狼向他围了过来。于是，这个人拼命地抽打马匹，不断加速。狼群在后面紧追不舍。狼跑得很快，离这个俄罗斯人越来越近。情况变得十分危急。这时，俄罗斯人拿出一些食物，向身后的狼群抛了出去。狼群见了食物，便停下来争抢，顾不得追赶俄罗斯人。于是，趁着狼群停下来抢食物的空当，俄罗斯人跑远了。

俄罗斯人以为已经甩掉狼群，刚想松一口气，狼群又追了上来。俄罗斯人只好再扔出一些东西。就这样，他不断地重复，直到食物扔完为止，狼群依然不肯罢休。

这是我小时候听到的一个故事，但是故事的结局如何，我并不清楚。当我听到这个故事时，还以为俄罗斯是个“狼的国度”。其实并不是这样，人们更多地称俄罗斯为“熊之国”。

俄罗斯是欧洲领土面积最大的国家。就算把欧洲其他国家的领土面积全都加在一起，都比不上它的面积大。

俄罗斯实在太大，所以一个国家之内的气候都不一样。如果你坐火车从俄罗斯南方向北方前进，一路上恐怕要不断地添加衣服。因为俄罗斯南

高加索山主峰厄尔布鲁士山海拔5633米，是欧洲第一高峰。

方气候温暖，中部地区则相对要冷一些，而到了俄罗斯北部，地面上常年覆盖着积雪。那里的人出行都要依靠雪橇，当然，也经常有狼群出没。在北部地区，夏天地表的土壤解冻，但是，深层的土壤仍然被冻得硬邦邦。这样的土地，我们称为“冻土”。在俄罗斯北部，通常有上千英里的冻土地带。

既然俄罗斯这么冷，俄罗斯人为什么还要在这里居住下去呢，为什么不迁徙到更适合生活的地方去呢？其实，最开始人们在选择定居点时，并不会考虑太多。只要能生存下去，人们便会在那里建房子。一个定居点定下来后，最初只有很少的居民，后来慢慢地，人像滚雪球一样，越聚越多，于是城市便诞生了。

俄罗斯北部常年被冰雪覆盖，到处白茫茫一片。南方的土壤却非常肥沃，土的颜色像煤一样黑。世界上再也找不到比俄罗斯南部更肥沃的土地了。这种土地就是我们俗称的黑土地。

黑土是一种富含大量有机质的土壤。俄罗斯南部地区的黑土地好像永远用不完似的，虽然人们已经在那里耕种了几千年，但是土壤依然肥沃。据说，那里的黑土地有几十英寸厚，而美国最肥沃的土地不过几英寸。俄罗斯人在肥沃的黑土地上种植大量小麦。人们把小麦磨成面粉，加工成面包，送往各地。所以，俄罗斯南部被称为“俄罗斯粮仓”。

伏尔加河

俄罗斯有欧洲最高的山和最长的河。高加索山是欧洲最高的山，比阿尔卑斯山还高，位于俄罗斯南部，在黑海和里海之间。许多大河水流都很湍急，但是作为欧洲最长的河——伏尔加河，却水流缓慢。伏尔加河的水流得太慢了，慢到你甚至都分不清它往哪个方向流。伏尔加河里有一种鱼叫鲟鱼，我们吃的鱼子酱便是用鲟鱼的鱼卵做成的。这种鱼子酱非常昂贵，你用买 100 磅牛排的钱，都买不来 1 磅鱼子酱。

白金是世界上最贵重的金属之一，与白银长得很像，就像双胞胎一样。白金在世界的储量非常少，因此比黄金贵重。俄罗斯东部的乌拉尔山虽然不高，但那里蕴藏着大量的白金。

俄罗斯还有一种叫石棉的奇特岩石。平时我们用的布匹都是用棉花制成，但是，这种叫石棉的岩石，竟然也能变成一缕缕细线，最后可以被纺成布匹。这种由岩石纺成的布匹具有很强的耐火性。

传说很久以前，一位国王将一块石棉桌布铺在招待客人的餐桌上。餐后，国王把桌布扔进火里，结果令众人惊讶的是，被火烧过的桌布完好无损。后来，人们将石棉应用到管道、消防服以及房顶上的覆盖物上，用来防止火灾。

历险手稿——谢肉节

谢肉节是俄罗斯除新年外，最热闹的节日。谢肉节的开始日期为每年东正教（基督教的分支）复活节前的第八周，一共要持续七天，而且每一天都有不同的庆祝内容：第一天是迎春日，第二天是始欢日，第三天是大宴狂欢日，第四天是拳赛日，第五天是岳母晚会日，第六天是小姑子聚会日，第七天是送别日。其间，人们也会举行各种各样的大型全民活动共同欢度节日。

24 温度计失灵的地方

温度降到零下 40 摄氏度时，水银就会被冻住，所以，只要温度在零下 40 摄氏度以下，温度计就无法正常显示。因此，水银温度计上的最低温度一般就只标到零下 40 摄氏度。在世界上大部分地区，温度计都没有机会被冻住，但是有一个地方可以——西伯利亚。

西伯利亚属于“熊之国”俄罗斯。在西伯利亚的北部地区，一到冬天太阳就会躲在地平线下面，再也不出来。这就是“极夜现象”。之前在讲到瑞典和挪威时，也提到过这种现象。

西伯利亚北部到了冬天没有太阳为大地提供热量，所以，当地的气温在冬天经常低于零下 40 摄氏度，有的地方甚至会达到零下 90 摄氏度。如果当地居民不把自己浑身上下用动物的皮毛包裹起来，根本无法过冬。如果你要在这里测量温度，一般的温度计可不起作用，必须用一种特殊的温度计才行。

虽然西伯利亚北部地区的冬天会把人的鼻子给冻掉，但是到了夏天，那里却非常热，温度可以达到 32 摄氏度以上。

其实，并不是整个西伯利亚都那么寒冷，西伯利亚中部地区就不会那么严重。这里有着茂密的森林，可以看到狐狸、狼、紫貂和貂等野生动物。貂是一种有着漂亮厚实毛皮的小型野生动物，全身雪白，非常爱干净，皮

西伯利亚大铁路

毛总是一尘不染。它的皮毛非常保暖，许多猎人就用它的皮毛来做衣服御寒，一件衣服需要很多张貂皮才能制成。

西伯利亚南部地区有世界上最长的铁路——西伯利亚大铁路。这条铁路的一头位于符拉迪沃斯托克，另一头位于俄罗斯的莫斯科。如果有人从起点坐到终点，那么要花费两个星期的时间。

西伯利亚大部分人都住在铁路沿线，但是村镇通常离铁路很远，因此当你坐火车前进时，很有可能连续几百公里都看不到任何建筑。当地的火车烧的是木头而不是煤，木头就堆在铁路两边以供火车添加。火车在行驶过程中会在固定的地点添加木头，就像公路上有固定的汽车加油站一样。

西伯利亚大铁路的终点海参崴火车站

历险手稿——近在眼前，却又远在千里 

你觉得西伯利亚距离美国有多远呢？5000 英里？10000 英里？不，可没有那么远，从阿拉斯加到西伯利亚其实只有 50 英里左右而已，打个盹的工夫就到了。可是为什么我们会觉得两个地方离得很远呢？因为他们之间被狭长的白令海峡隔开。有人说，在阿拉斯加与美国生活的印第安人和因纽特人很久以前来自中国，所以他们在外表上看起来很像中国人。

25 寻找亚洲旅程

马可·波罗，13世纪意大利的旅行家和商人

很久以前，欧洲人总是认为自己站在地球的中心，因为他们还没有认识欧洲以外的民族。当希腊的英雄用长矛与弓箭攻打敌人的城邦时，东方人已经在用自己的智慧创造更加辉煌的历史。当然，欧洲人并不知道这一点。这种情况一直到耶稣诞生后的1300年左右才有所改变。

当时，一个名叫马可·波罗的人从遥远的东方带回许多闪亮的珠宝与黄金。那时他的家乡同胞才知道，原来东方还有一个比罗马帝国还富有的国家。在那里，一个贵族的妻子竟然可以拥有两条以上的丝绸睡裙，而当时拜占庭帝国的皇后也不过只有一双丝质的袜子罢了。

实际上，马可·波罗并不是第一个到达东方的人，当然很多东方的神奇事物也并不是由他带到欧洲的。早在马可·波罗的东方之旅以前，许多富有经商头脑的希腊人为了与远方的人进行贸易，常常带领商队在小亚细

《马可·波罗游记》中的插图

亚的沙漠与高山中来回穿梭，所以，他们或许比马可·波罗更熟悉小亚细亚的地形与风土人情。但是，希腊商人对那里的了解究竟有多少呢？或许还不如印第安人对一个白人将军了解得多。

军队也会帮我们更好地了解亚洲。的确，战争就像一把锋利的宝剑，会伤害许多人，但有些时候，战车经过的地方，也能为我们收获一些知识。比如，当波斯人进攻希腊的时候，当十字军一次又一次东征的时候，军队里的士兵经过亚洲的许多地方，看到许多不一样的民族。不过，或许当时的士兵并不知道他们经过的地方叫亚洲，但无论如何，战争结束后，这些士兵把他们在亚洲的见闻带回家乡，告诉家乡的同胞，所以欧洲人通过这些士兵对亚洲有了进一步的了解。

另一类了解亚洲的人是“使团”。使团有些像我们现在的外交官，他们会到各国访问。当时，欧洲统治者喜欢派使团到东方去，比如，罗马皇帝马可·奥勒留，他非常喜欢听使团从神秘东方带回的新奇故事。就像你喜欢听父母讲的睡前故事一样，罗马人对这些神奇的东方传奇一样痴迷不已。

不过，无论是士兵还是使团，他们带回来的故事都没有让欧洲人对亚洲产生更多的了解，那时，如果一个欧洲人能说出“巴勒斯在死海的西岸”，那他一定会在亚洲知识竞赛中获胜。而真正让人们对亚洲产生深刻认识的，是一位名叫鲁斯蒂卡罗的比萨市民。

不过这么说显得对马可·波罗有些不公平，因为鲁斯蒂卡罗只不过是将马可·波罗对亚洲的见闻集合起来，编了名叫《马可·波罗游记》的书而已。这本书当时在欧洲可是畅销书，也正是通过这本书，欧洲人对亚洲产生了深刻的认识。因此，确切地说，是马可·波罗真正将亚洲带进了欧洲人的生活。

《马可·波罗游记》就像一本探险指南一样，引起了欧洲人对亚洲的强烈兴趣。欧洲的探险家幻想着能与马可·波罗一样，到那个遍地黄金、空气中弥漫着各种香料气味的国家。于是，一场寻宝大冒险开始了。欧洲人仿佛在比赛谁最先到达一样，纷纷开始寻找通往东方的最便捷道路。

在这场比赛中，葡萄牙人和西班牙人的表现比较好。他们最先发现了一条从西向东到达印度的海路。沿着新开辟的航线，那些早期的先行者，渐渐为欧洲人揭开了亚洲的神秘面纱。

历险手稿——亚洲

亚洲面积约4400万平方千米，是世界最大的一个洲。它地跨东半球和西半球，拥有寒、温、热三个气候带，世界上60%以上的人都生活在这片广袤的土地上。东面的太平洋、北面的北冰洋和南面的印度洋把亚洲大陆环绕其中。在亚洲大陆西面，则有乌拉尔山脉、乌拉尔河、里海、大高加索山脉。习惯上，人们把亚洲分为东亚、东南亚、南亚、西亚、中亚和北亚。

26 被遗落的地方

昨天，我发现 9 岁的侄子又长高了。小读者们，你是不是也经常让爸爸妈妈为你们量身高？看着墙上一年年往上提高的身高刻度，你一定觉得兴奋。我相信你一定长得很快，因为你正是长身体的时候。现在，我要为你们介绍的一座山，也是不断地在长。

喜马拉雅山

26 被遗落的地方

山的确也会长高，只是它不像你长得那样快、那样明显。可能在几十万年的时间里，它才能长高 1 厘米。我接下来要介绍的这座山叫喜马拉雅山。在世界上所有的山中，它是个子最高的那一个，可是它仍然不满足，还在不断地往上长。其实，像喜马拉雅山这样对自己身高不满意的山脉还有许多，像南美洲的安第斯山，它也在努力地长高。

喜马拉雅山很显眼。翻开亚洲地形图，我们可以看到亚洲的“中央高地”。这块中央高地比周围其他地方都要高出许多，就像一块高台立在广场上一样。喜马拉雅山就在这个大高台所在的地方。中央高地上除了喜马拉雅山之外，还有其他一系列山脉：雅布洛诺夫山脉、杭爱山脉、阿尔泰山、天山，就仿佛一条条项链排列分布在这里。

如果我们挤压自己的皮肤，皮肤就会隆起，形成一个小小的折叠，就像身体上长出一座小小的“山”一样。亚洲中央高原山脉的形成跟这个有点儿相似。当火山爆发时，地球的“皮肤”——地壳就会扭曲、折叠，于是，山脉便形成了。

在这些山脉周围，还有其他一些地方，比如，西面的辽阔平原、东面的戈壁滩和蒙古高原。现在，我要特别向你们介绍一个地方——帕米尔高原。

从地图上看，帕米尔高原仿佛一个巨大的“结”。喜马拉雅山、天山、昆仑山、喀喇昆仑山和兴都库什山仿佛 5 根巨大绳子被缠绕在了一起，而帕米尔高原就是它们的绳结所在。当然，这种样子看上去也有点像古老房屋的屋脊，所以，“帕米尔”在塔吉克语中也有“世界屋脊”的意思。

尽管拥有许多高大的山脉，但是，如果有谁敢说帕米尔高原是这一带最高的高原，那么一定会有人出来反驳他：“青藏高原才是亚洲中央最高的高原！”没错。青藏高原不但是亚洲最高的地方，还是世界最高的地方，所以，走在青藏高原上的人，就像是住在楼上的邻居一样，在我们头顶走路。

帕米尔高原的最高峰是位于喀喇昆仑山脉的乔戈里峰，位于中国和巴基斯坦的边境上，海拔 8611 米，为世界第二高峰。

但是，不是所有人都能在这样高的地方生活。曾经有个美国人在墨西哥高原待了一星期。那个星期简直成了他的噩梦，因为他在那里每走一小段路必须停下来休息。不过，墨西哥高原的这点高度对生活在青藏高原的人而言真是不值一提，生活在青藏高原的人能背着重重的物品爬山。要知道，青藏高原可比墨西哥高原高得多。

青藏高原常常刮着强烈的风，而且一年有大半的时间都在下雪。每到下雪，这里就冷得像阿拉斯加一样。而就在这样艰苦的生存条件下，却有超过 200 万人生活。

如果我们为世界上所有的山脉举办一次身高竞赛，那么，位于青藏高原南部的喜马拉雅山一定是冠军，因为它最高的地方足足有 8800 多千米，相比之下，欧洲宏伟的阿尔卑斯山脉就好像花园里拱起的小土堆。

虽然阿尔卑斯山要比喜马拉雅山矮许多，但是，它却比喜马拉雅山年长得多。阿尔卑斯山有 180000000 岁。这么多个零你们一定晕了头。让我换个简单的方式告诉你：阿尔卑斯山有 1.8 亿岁，真是个很老的老人。虽然喜马拉雅山也有几百万岁了，但是在这样年长的阿尔卑斯山面前，也不过是个年轻的毛头小伙子而已。

山脉在很多时候是国家与国家的分界线。它们就像一道天然的屏风，把不同的国家分隔开来。喜马拉雅山是中国与尼泊尔的分界线。它像慈爱的母亲，温柔俯视着大地上的人们，并给那里生活的人带来泉水与牧草。但是，当有登山者想要来征服它时，喜马拉雅山又像个威严的父亲，为这些勇敢的探险者设置重重考验。它那看似难以逾越的高度、陡峭的悬崖、终年不化的冰雪、狂暴的暴风雪，一直以来都是征服者们乐于挑战的难关。当然，现在已经有许多勇敢的人征服了高大的喜马拉雅山，将来也还有更多人来这里挑战。

下面让我们往西走，那里还有一些高原。这些高原与帕米尔高原、青藏高原一起，如天上遗落的星星一般分布在亚洲大陆，比如，伊朗高原、阿拉伯高原、亚美尼亚高原、小亚细亚高原等。曾有许多民族在这些高原地区创造了辉煌的文明，比如，伊朗高原上存在的尼尼微，巴比伦人、波斯人都曾经在这里创造了灿烂的文明。

伊朗高原的位置非常重要。它就像欧洲与亚洲的十字路口，连接着两个大洲之间的贸易路线。比如，阿富汗地区就位于古代丝绸之路上。它在群山之中，为商人的牧民提供便利的通道。由于伊朗高原地理位置的重要性，这里成了许多人争夺的地方。直到今天，依然容易爆发战争。

虽然伊朗高原曾有辉煌的文明，但是这里却没有一条像样的河流，反倒有一片巨大的沙漠，就连亚历山大大帝最英勇的士兵都曾经在这片沙漠

雅鲁藏布大峡谷

里迷路。当然，亚洲有许多巨大的河流，只是它们似乎都不愿意到这片区域来，而是集中在帕米尔高原和青藏高原那里。

在这些河流中，有一条河很有个性。当其他河流都沿着高山河谷从高到低奔流而下时，它却沿着喜马拉雅山向上流。它倔强地由西向东穿过高耸的青藏高原，然后任性地转个弯，调头继续前进。它一路经过中国、印度及孟加拉，然后，在离自己的发源地大约 2900 公里的地方，与一条名叫恒河的大河汇合，一同流入孟加拉湾。这条有个性的河流在中国被称作“雅鲁藏布江”，当它进入印度的时候则被称作“布拉马普特拉河”，而到了孟加拉，它又有了一个新名字“亚穆纳河”。

亚美尼亚高原、小亚细亚高原与伊朗高原一样，都连接欧亚大陆的十字路口。当年，一个印度人或者中国人想要前往希腊，与那里的人进行贸易，非在这里中转不可。正是因为这些贸易，人们的交流越来越频繁，欧洲人越来越多地了解了亚洲。

历险手稿——雅鲁藏布大峡谷

布拉马普特拉河在中国境内被称为雅鲁藏布江。雅鲁藏布江穿过一条大峡谷，那是地球上最深的峡谷——雅鲁藏布大峡谷。

雅鲁藏布大峡谷长达500多千米，最深的地方有6009米。峡谷里冰川、绝壁、陡坡与奔腾的江河交错在一起。由于这里地形环境十分险恶，就连地质学家也没能展开更多的调查，因此，这里也被称为“地球上最后的秘境”。

尽管如此，我们对这片地球秘境仍然有所了解，这里有茂密的森林及高山灌丛草。这里有水獭、石貂、云豹、雪豹、小熊猫、穿山甲、鼯鼠、红嘴相思鸟等各类珍奇野生动物，是野生动物的家园。

27 新月之国的土耳其

伊斯坦布尔海峡

传说，亚洲有一位神爱上了名叫欧罗巴的凡间女子。但是，神不能和凡人恋爱，于是神就变成一头白色的牛，带着欧罗巴逃走了。白牛走了很远的路。它带着姑娘翻越高山，又游过一条海峡，最终踏上一片以前从没有人涉足的土地。后来，人们用姑娘的名字为这片土地命名，称作“欧罗巴”。这就是欧洲大陆。而白牛游过的海峡就是今天的“伊斯坦布尔海峡”。

当然，不是所有人都相信欧洲的名字出自上面的传说。有些人认为，“欧洲”的本意是“太阳下山的地方”。

后来，人们在传说中欧罗巴姑娘上岸的地方建起一座城市。1000 年后，东罗马帝国的皇帝君士坦丁将首都从罗马迁到这里，这座城市也因他得名——君士坦丁堡。

27 新月之国的土耳其

君士坦丁堡城外曾经发生一场激战。当时，君士坦丁堡里住着土耳其人。一天夜里，敌人想趁没有月光的时候，偷袭君士坦丁堡里的土耳其人。眼看敌人就要成功时，一弯新月穿出云层，月光透过云缝照射下来。这一下，守城的卫兵便发现了敌人的踪迹。于是，警钟被敲响，城市保住了。从此，土耳其人就在他们的庙宇顶上安了一个月牙的标志。

伊斯坦布尔的圣索菲亚大教堂

现在，君士坦丁堡依然保留着世界上最宏伟的教堂。早在土耳其人占领君士坦丁堡以前，它就矗立在城里。这座教堂在希腊语中被称作“圣索菲亚大教堂”，又称为“圣贤大教堂”。“索菲亚”是“聪明”的意思。

其实，在土耳其人的称呼中，君士坦丁堡并不叫君士坦丁堡，而叫“伊斯坦布尔”。你也许会抱怨城市的名字总是更改，而且越改越长，一点儿也不好记。尽管“君士坦丁堡”这个名字比“伊斯坦布尔”的历史久远，但是，现在的名字——伊斯坦布尔更为人们所熟知。因而，我有义务告诉你。不过，“君士坦丁堡”之前叫什么名字，我就不说了，免得把你们弄糊涂了。

下面我们就来说说土耳其。

你对土耳其这个名字一定不会陌生。感恩节和圣诞节那天，我们都会和家人一起吃火鸡。“火鸡”的英语单词与“土耳其”的英语单词是同一个。

土耳其是一个很年轻的国家。在君士坦丁堡，也就是现在的伊斯坦布

加拉塔桥

尔建成以后的一千多年，土耳其人才开始统治这片土地。当时，土耳其的统治者被称作“苏丹”。他权力很大，所说的话就是法律，不管对错，人们都要无条件地遵从。现在的土耳其是一个民主国家，除了总统之外，还有其他由人民选举出来的人与总统一起管理国家。

土耳其的海岸线上有一个形状很像牛角的海湾，位于伊斯坦布尔海峡，名为“金角湾”。金角湾上有一座桥，叫作“加拉塔桥”。前文我跟你们讲了很多有名的大桥，如布鲁克林大桥、伦敦桥、里亚尔托桥、维琪奥桥。现在我要说的加拉塔桥，是世界上年代最久远的大桥之一。如今，它依然供人和车辆通行，经过这座桥的人国籍、肤色、衣着、语言都不一样。

历险手稿——美杜莎的眼睛

我们经常听人说“蓝色土耳其”。为什么是蓝色，不是红色或其他颜色呢？在这里，蓝色可不是大海的蓝，而是“蓝眼睛”的蓝。

“蓝眼睛”就是“美杜莎之眼”。美杜莎是希腊神话中的一个女妖，传说她有一种魔力，能让所有直视她眼睛的人变成石像。土耳其人相信美杜莎之眼能抵挡和反射邪恶，所以他们将“蓝眼睛”戴在身上，装饰在建筑物上，缝制在衣服上……只要人们能接触的东西，就有它出现。

28 消失的国度

达达尼尔海峡的太空照片

现在的土耳其有一部分在欧洲，另一部分在亚洲。土耳其的亚洲部分，有一块地方名叫“安纳托利亚”。这又是个复杂的名字，幸好它还有另一个简单又好记的名字——小亚细亚。还记得亚洲的全称吗？对，亚细亚。小亚细亚是亚洲的一个小角落，位于博斯普鲁斯海峡东侧。

尽管小亚细亚和欧洲大陆在陆地上并不相连，但是博斯普鲁斯海峡与达达尼尔海峡却离欧洲很近。博斯普鲁斯海峡平均宽度只有半英里，而达达尼尔海峡最窄的地方有一英里，很多人都能游过去。要是世界上存在巨人的话，也许他一步就能踏到欧洲的土地上。

很久以前，小亚细亚曾经是世界上最繁荣的地方。这片土地上的人创造了许多令人惊叹的文明与奇迹，“世界七大奇迹”中，就有三个在小亚细亚。第一个奇迹是建在以弗所的月亮女神庙——狄安娜神庙。当时那里的银匠专门以仿制女神像维持生计。第二个奇迹是摩索拉斯女王为丈夫修的陵墓，它曾经是世界上最宏大的陵墓，如今也只剩一片废墟，让人不禁哀叹。第三个古代奇迹坐落在小亚细亚附近的罗德斯岛上。据说，那里有过一座将近十层楼高的太阳神铜像，我们将其称为“罗德斯岛神像”。后来，一场地震将神像震成了碎片，商人们便将铜碎片都买走了。

小亚细亚以往的风光不再，那些伟大的建筑都变成了废墟。如今，那里除了一些大城市，其他地方的房子都用泥土垒砌而成，看起来十分简

狄安娜神庙遗址

陋，没有窗户，只有门板，屋顶上杂草丛生。

土耳其的首都是安卡拉。安卡拉一带有一种很奇特的山羊，羊毛既长又光滑，可以用来做小地毯或披肩。你在美国也能买到这些东西。用这种羊毛做成的衣服又轻又凉快，在夏天穿也不会感到闷热，马海毛衣服的原料便来自这种羊毛。

小亚细亚境内流淌着一条弯弯曲曲的河，从地图上看，它忽左忽右、忽上忽下，好像没有方向，因此人们称它“曲流河”。在曲流河流经的山谷，到处是无花果。此外，小亚细亚还盛产海枣。当地人用骆驼装着无花果和海枣到位于地中海海滨的士麦那。无花果和海枣就在这座美丽的城市上船，然后运到其他地方。

在士麦那上船的还有一种东西，那就是海绵。海绵在小亚细亚沿岸的海底很常见，采海绵的人要潜到海底，把长在岩石上的海绵带上来。

历险手稿——爱洗浴的土耳其人

土耳其人非常重视身体的清洁，所以从中世纪起就有了公共浴池，当时人们把公共浴池叫“哈曼”。在当地，洗哈曼可不像今天这样平常，而是一件大事。男人入伍前、结婚前都要将身体清洗干净。

29 遗落人间的伊甸园

多年来，人们一直在搜寻《圣经》里记载的伊甸园。有人说，幼发拉底河和底格里斯河交汇的地方就是伊甸园。但是，你到那

《圣经》中描绘的伊甸园

之后，一定不敢相信那就是伊甸园的位置。因为那里除河水泛滥留下的烂泥巴外，什么花园都没有，再加上长期干旱，土地都裂开了口子。

即便这样，仍然有许多人坚信那里就是《圣经》里提到的伊甸园。他们甚至认定当地的一棵苹果树就是《圣经》里亚当和夏娃碰过的那棵树。

后来，许多人研究发现，幼发拉底河与底格里斯河之间的谷地，发生过一次毁灭世界的大洪水。洪水淹没了山谷。山谷的名字叫“美索不达米亚”。“美索”是“在……之间”的意思，“不达米亚”的意思是“河流”。“美索不达米亚”的含义是“在河流之间”。现在，那里诞生了一个新的国家，你可以在地图上找到，那便是伊拉克。

很久以前，底格里斯河与幼发拉底河河畔各有一座大城市，一个叫尼尼微，在底格里斯河上游，另一个在幼发拉底河下游，叫巴比伦。它们早在耶稣降生之前，就已经是规模巨大的城市。不论是尼尼微，还是巴比伦，辉煌宏伟的宫殿和建筑都曾经是那里的骄傲，后人视为“世界七大奇迹”之一的“空中花园”，就坐落在古巴比伦城。但是现在，这两座城市先后变成了废墟，因而，我用了“曾经”一词做修饰。

如今，底格里斯河流域有两座新的大城市，摩苏尔便是其中之一，麦斯林纱布就产自那里。20世纪初，摩苏尔地下丰富的石油资源被人发现，那里的石油足够全世界的汽车使用很长时间。为把石油运到欧洲和美国，人们在摩苏尔当地的油井与地中海之间铺设了纵横交错的运油管道。油轮在地中海西岸的港口装完油后，便驶往各地。

摩苏尔城内有很多清真寺，其中一座最大的清真寺外有一座斜着的光塔，它很容易让人联想起比萨斜塔。当地人传说，这塔变斜，是因为穆罕默德路过光塔，为表示敬意，光塔向穆罕默德鞠躬敬礼，结果就直不起来了。

巴格达是底格里斯河畔另一座新兴的大城市。走在巴格达的街道上，你看着当地人的面孔，肯定会联想起《一千零一夜》里的人物。

古巴比伦城

巴格达夏天最高气温曾达 125 华氏度（相当于 51.7℃。华氏度 =32+ 摄氏度 ×1.8）。我们能忍受 100 华氏度（约等于 37.8℃）的人就已经很少了，巴格达的酷暑我们根本无法适应。

第一次世界大战以后，战胜国英国接管伊拉克，巴格达自然也在英国人的势力范围之内。后来，有一些英国人搬到巴格达，但是，他们不太适应这里的生活，于是便带来许多原来巴格达没有的东西，用来改善环境和生活方式，使自己生活得好一些。

他们在巴格达修建了一条崭新的街道，俗称“新街”。另外，当时伊拉克人闻所未闻的电灯和制冰厂也落户巴格达。英国人在伊拉克还扶持了一个国王，将它变成君主制国家。当然，如今伊拉克已是一个独立的国家。

历险手稿——在乎手的伊拉克人 

伊拉克人吃饭时一般不用刀、叉、勺等餐具，而习惯用右手抓饭入口，伊拉克人很忌讳用左手传递东西和吃东西，因为他们认为左手是肮脏的，用左手传递东西是对对方的一种污辱。他们还忌讳客人在赴宴用餐完毕后不及时洗手告辞，因为这样会给人留下贪吃的印象。

30 绿洲之上的阿拉伯人

有这样一个地方，虽然被大海包围，有很多水，但水却不能饮用。这里大多数地方都是沙漠。这就是阿拉伯——阿拉伯人的故乡。在那里，人们只能生活在沙漠中的“绿洲”。面对如此恶劣的天气，也许只有骆驼才能忍受。所以，富裕的阿拉伯家庭会养一头骆驼。有的家庭也会养一些绵羊、山羊和马。阿拉伯马的体形略小于普通马，但跑起来很快。很多人认为阿拉伯马是世界上跑得最快的马，美国的一些赛马就是阿拉伯马。

阿拉伯人很喜欢在晚上听故事。据说，很久以前，有一个阿拉伯国王每天都娶一位新王后，然后在第二天早上把她处死。有天国王又娶了一位新王后，王后在新婚之夜给国王讲了一个故事，国王对这个故事完全着迷。可是当故事发展到关键地方，王后就停下不讲，她对国王说：“只要你不处死我，我就继续给你讲故事。”

国王为了听故事，就答应了王后。于是，王后每天都给国王讲故事，每次都讲到关键的地方停下，就这样，故事一直讲了一千零一天。这时，国王知道自己已经离不开王后的故事了，于是他们两个人就一直幸福地生活在一起，这就是我们熟知的《一千零一夜》的故事。

现在，我们来说一说阿拉伯边境的红海。

红海虽然叫红海，但海水可不是红色的，而是像地中海一样蔚蓝。以

苏伊士运河

前红海和地中海之间有一小块陆地，后来被人们开凿成人工运河，原来的陆地就变成了“苏伊士地峡”，那条运河就叫“苏伊士运河”。

苏伊士运河是全世界最为重要的运河之一。在它开通之前，欧洲人要到亚洲，非乘船绕过整个非洲大陆不可。这段旅程既漫长，又危险。苏伊士运河开通后，人们不必穿过非洲大陆就能到达东方，所以，苏伊士运河被称为通往东方国家的水上要道。但是，位于非洲埃及境内的苏伊士运河曾一度由英国掌管，后来在埃及人民强烈的要求之下，才在 1956 年收回了自己的运河。

红海边有座叫亚丁的城市，是世界上最干燥的城市，常常几年不下雨。那里没有河流、湖泊和泉水，从正常途径根本无法获得饮用水。于是，人们发明了一种方法来获得淡水。人们先将海水煮沸，然后将蒸发的水汽收集起来装进水罐。水蒸气在水罐里冷却后就变成了淡水。

亚丁以前也由英国掌管，英国因此也可以决定谁可以经过红海。1967年南也门独立之后，收回了亚丁主权，并把它定为国家的首都。这样一来，大西洋和印度洋之间就有了三条水上通道，它们都曾属于英国，分别是直布罗陀、苏伊士和亚丁。

历险手稿——喜爱白色的阿拉伯人

白色有反射阳光的作用，吸热较少，所以阿拉伯人很喜欢白色。他们不但把很多建筑物修建成白色，男人的传统服装也是白色。但是那里的妇女并不穿白色，而是戴黑色面纱，黑纱上只留两个小孔露出眼睛，身体的其他地方都被裹得严严实实的。不过现在，这种习惯已经有所改变。

31 一个因地毯而闻名的国度

你也许见过野猫或者家养的猫，但是波斯猫就不一定见过了。波斯猫是一种体形很大的猫，样子非常漂亮，并且有着又厚又软的毛。波斯猫的家乡就在波斯。

波斯曾经是世界上最强大的国家，但是现在已经很少有人知道波斯的准确位置，地图上也没有“波斯”这个地方。这是因为“波斯”是以前的叫法，也就是现在的“伊朗”。

“波斯”这个词似乎离我们很远，可是细心观察一下周围就可以发现，原来身边属于那里的东西还真不少。例如，我家的羊毛地毯，上面有美丽的图案。我想，波斯故事里的神奇“魔毯”一定跟它很像。这块地毯由纯手工制作而成，据说制作这样一块地毯需要几年甚至更长的时间。甚至有人说，有的波斯人用一辈子的时间才能完成一块地毯。

再往我妻子身上看，她的丝绸披肩、戒指上的宝石，还有她非常热衷的香水等，都来自波斯。那条美丽的披肩也是波斯人手工制成。古代波斯也养蚕，人们把蚕线染成五彩缤纷的颜色，就可以编制出各种各样的美丽图样。妻子惯用的香水是一瓶玫瑰精油，就是波斯人用当地盛产的玫瑰花瓣制作而成。

我自己身上也有许多东西与波斯有关。我的领带夹上有一颗名贵的珍珠，就出自波斯湾所产的牡蛎。我的拖鞋、书桌上一盏名叫马兹达的台灯，还有我喜爱的一本波斯人写的书《鲁拜集》，无一不与波斯有关。就连我们爱吃的瓜和桃子，原产地也是波斯。现在，我就差养一只波斯猫了，不然家里来自波斯的东西就齐全了。

孔雀宝座

其实，波斯人不会把自己称作“波斯人”，而是“帕西人”。他们有自己崇拜的神，即太阳，因此现在的伊朗国旗上就有太阳和象征力量的狮子。当时人们相信，只有光明的东西才是好的，是正义的，像星星、月亮、火焰等。现在大多数伊朗人都信仰伊斯兰教。

伊朗的地形环境非常奇特。在那里，部分地区土壤肥沃，适宜种植，但是另外一部分地区则是沙漠，环境相当恶劣。伊朗的河流也与世界上大部分河流不一样。其他河流都是越流越宽，而伊朗的河流却正好相反，它们越流越窄，直到完全干涸。伊朗有很多高山，山上留下的雪水会形成小溪，但是小溪流到最后也会干涸，根本不见河口的踪影。

镶嵌有波斯湾珍珠的法拉赫王后皇冠（备用）

在古代，波斯的统治者叫作“沙”。他的权力无限大，只要是他的命令就都得服从。他还可以随意处死一个他不喜欢的人，但是现在这种情况已经完全改变。

波斯盛产宝石，德黑兰有座全世界最著名的宝座——“孔雀宝座”。“孔雀宝座”用纯金打造，后背镶满各种宝石，形状酷似孔雀的羽毛。波斯的大部分珠宝都来源于地下，如钻石、红宝石、绿宝石等。然而，还有一种珠宝却来自水中，那就是珍珠。

沙子一旦进入牡蛎，经过四五年的时间，就会变成珍珠。采集珍珠的过程非常辛苦。采珠工人要憋着气，潜入水中，然后再出来，换口气再进去。这种工作非常危险，因为长时间潜入水中容易血管破裂。除此之外，工人还有被毒鱼咬伤的危险。一旦被毒鱼咬中，工人很有可能因此中毒身亡。然而，正是有了这些可敬的人从事如此危险的工作，波斯湾才能产出世界上最有价值的珍珠。

历险手稿——一边喝酒一边论事的族人

波斯人非常喜欢喝酒，就连讨论大事也是在饮酒时进行。有时，人们会在第二天大家都酒醒的时候，再做决定。如果到时大多数人仍然赞同第一天晚上的商讨结果，那么这个决定就通过；如果不赞同，那么人们就把这个决定暂时搁置。

32 美国背面的国家

在我住的地方有一条奇特的街道，不是用砖铺成，而是用厚厚的玻璃做成。这条街道下面是一家地下超市，人们走在街道上，低头就能看到超市里买东西的人，而在超市里的人，抬头也能看到街道上行人的脚。根据这个奇特的设计，我们可以想象一下，如果整个地球也是玻璃做的，那么就像玻璃街道上的行人低头能看到超市里的人一样，我们低头也能看到地球对面的人，那将是一件多么不可思议的事情。

如果一个美国人想要沿着纬线绕地球一圈，那么当他走到一半的时候，会看到一个名叫印度的国家。从这里再继续走一半左右的距离，就又回到了美国。

有一次，我和我的朋友分别从美国向西和向东出发前往印度。我们同时在美国起程，最后相会于印度。当我的朋友在印度加尔各答码头迎接我时，我才刚刚到达。在加尔各答，我们曾经买过一种印花布料，名叫“卡利卡”（calico），得名于它的原产地——卡利卡特（Calicut）。

大家脑海中所想的印度人大概是这个样子：脸上、身上涂满涂料，头上插着彩色的羽毛，手里挥舞着印第安战斧。但是，这些都是美国印第安人的特征，印第安人属于红种人，是白种人抵达美国之前这片土地上的原住居民。印度人是白种人，与美国人一样。印度的人口多达美国的四倍。那

珠穆朗玛峰

么，人们为什么会把印第安人当作印度人呢？

原来，哥伦布当年为了寻找印度而出发航海，但是他把自己到达的美洲大陆当成了印度，于是他就把那里的人叫作“印第安人”。很久之后，人们才知道那里并不是印度，而是一片全新未知的土地。

喜马拉雅山脉是世界上最高的山脉，把印度与北部的亚洲其他国家隔开。在喜马拉雅山脉中，有一座世界最高峰——珠穆朗玛峰。

珠穆朗玛峰高达 29030 英尺，超过 5.498 英里（8848.43 米）高。珠穆朗玛峰顶部终年覆盖着冰雪，从来都不会融化。虽然珠穆朗玛峰非常高，之前没有人登上山顶，但是人们却很早就知道珠穆朗玛峰的高度了。知道这是怎么回事吗？原来，有位英国工程师站在地面上就可以测出很多东西的高度，无论被测的物体是一棵树还是一座教堂，甚至一座山峰。

很多人尝试攀登到珠穆朗玛峰的顶端，但是大都失败了，甚至有不少人在登山的过程中失去生命。山顶的海拔太高，空气非常稀薄，所以人们每走一步，就要停下来呼吸很多次，就像气喘吁吁呼吸的小狗一样。所以，登山者必须带着瓶装的氧气以保证正常呼吸。

1933 年，有两个英国人爬到了以前别人从没到过的高度，距山顶只有几百英尺，这花费了他们好几个星期。然而，眼看两人就要顺利登顶的时候，一大片积雪突然崩塌，将他们永远埋在了下面。在当地人中间流传着这样一个传说：珠穆朗玛峰顶部住着一位女神，她不允许别人靠近，如果谁试图登顶，就会受到女神的惩罚，甚至面临死亡。直到 1953 年，另有两个人从珠穆朗玛峰的东南山脊成功登顶，这才打破这一传说。

1953 年 5 月 29 日，夏尔巴人丹增和希拉里爵士成功登顶珠穆朗玛峰。

喜马拉雅山脉的另一端是一个非常漂亮的山谷，诗人常常称它为“溪谷”，那就是著名的“克什米尔溪谷”。溪谷里有澄清幽静的湖泊、白雪皑皑的山峰和全世界最美丽的玫瑰，简直就是人间天堂。这远比底格里斯河和幼发拉底河之间的空地更适合“伊甸园”之称。

历险手稿——印度人的特殊习惯和禁忌

习惯：

1. 印度人在聊天时，头常会向左或右点一下，代表“没问题”的意思。

2. 当地人习惯以桥梁、寺庙、市集等做地标，所以印度大部分地区都没有门牌地址。

3. 在印度人家里吃饭，通常是由男主人作陪，女主人则不会同桌吃饭。

4. 印度人习惯右手抓饭吃，左手放在背后。

禁忌：

1. 印度人最忌讳用左手传递物品。

2. 印度人认为头部是神圣的，所以不要轻易摸一个印度人的头。

3. 进入宗教寺庙和古迹都必须脱鞋，最好也不要穿短裤或短裙。

33 崇拜大象的国家

印度由很多不同的州组成，这一点和美国很像。印度的每个州都有自己的首领，他们被称为“拉甲”。很多拉甲不称职，不管州内的事务，只知道搜刮民财，贪图享乐。他们以各种形式收集珠宝，不管是买还是抢。在臣民面前或者列队行进的时候，拉甲就会佩戴像核桃那么大的珠宝，坐在大象的背上，以示炫耀。

在印度备受崇敬的大象

在印度，如果有人杀了一只大象，将会受到严厉的处罚。因为在印度，大象是神圣的动物，谁都不能射杀。因此，在捕捉大象时，人们要想办法将它活捉，而不能伤害它。

印度人发现野生大象时，会先设好圈套，然后在大象周围制造很大的噪声。大象非常讨厌噪声，当它听到人们制造的刺耳声响时就会来回走动。这样一来，稍不注意它就会走进人们设好的圈套。

当大象走进圈套时，人们会先用围栏把它围住，再想办法把它抓住。这项工作非常危险，一不小心，就会被大象踩死。不过，大象是非常温驯的动物，一旦被驯服，它就会为人们做很多事。比如，它会用自己的长鼻子卷起人们无法拿起的重物，帮助人们运送物资。

让我们说回拉甲。除了喜欢宝石外，拉甲还喜欢去印度丛林中打老虎。他们打老虎的方法很特别，并且每次都会带上几百名仆人，然后，让仆人在树上搭一个安全的平台，接着再命令仆人去丛林里把老虎引过来。一旦老虎出现，拉甲和他的朋友就用箭射死老虎，扒掉它的皮，带回去做壁

印度泰姬陵

画等装饰用品。

大部分印度人信奉印度教。印度教徒相信，人死后，灵魂会变成一个新的生命。如果上辈子多做好事，那么重生的灵魂就会变成富人或者好的动物。但是，如果一个人上辈子做了很多坏事，那么他重生之后就会变成穷人或是其他动物。因此，大多数印度人都善待动物。他们相信这样会让自己在死后有个好归宿。

印度的孟买是个世界级的大城市，它的建筑风格与欧洲建筑很像。而在印度小镇阿格拉，建筑风格则完全不同。那里有世界闻名的泰姬陵。据说，泰姬陵是一位皇帝为自己最喜爱的妻子建造的。

印度最大的河流是恒河。恒河有几个河口，大部分都位于巴基斯坦，只有一个处在加尔各答。恒河上游有一座城市，叫作贝拿勒斯，那里是印度教的圣地。

贝拿勒斯建在恒河沿岸，河岸上有长长的石阶，一直通向河里。印度教徒会盛一碗恒河的“圣水”，从头顶浇下来，并在河里洗掉一身的罪恶。临死之前，印度教徒一定要去恒河净身。死后，他的尸体不会被埋进土里，而是放在火上焚烧。

由于印度人口众多，粮食常常供不应求，穷人们一个个饿得只剩皮包骨，甚至每年都有很多人被饿死，但是拉甲和其他有钱人却吃得满嘴流油。

印度人很擅长表演魔术。我曾看到有位印度的魔术师把一颗种子放到花盆里，里面很快便长出了植物，更神奇的还在后面：魔术师让他的妻子躺在一个箱子里，然后用剑从各个方向刺穿箱子，可是当他把箱子打开时，他的妻子居然一点事儿也没有，她从容地走了出来，还向观众打招呼呢。

历险手稿——独特的斯里兰卡

印度洋上有一个美丽的小岛——斯里兰卡。岛上男人的穿着很奇怪，他们从来不穿裤子，只穿短裙，头上还插着梳子。更有意思的是，斯里兰卡人点头和摇头的含义正与我们相反。在那里，点头表示“不是”，摇头则表示“是”。

斯里兰卡人的婚礼也比较特别。结婚当日，小舅子要为新郎洗脚、系“同心结”。新娘要在结婚礼台上，系上新郎所送的花布、戴上新郎所送的鱼形发卡才算礼成。

34 风情万种的东南亚

很久以前，印度有一个快乐的王子乔达摩。乔达摩从小就过着富裕的生活，想要什么就有什么。他一直以为世界上的每个人都像他那样快乐，从来没想象过贫穷悲惨的生活是怎样的。就这样，乔达摩无忧无虑地度过了童年。

释迦牟尼佛菩提树下悟道成佛

长大后的某一天，乔达摩到宫殿外去旅行。旅行中，他看到许多病人、穷人和生活不如意的人，他们都过着困苦的生活。这一切触动了乔达摩，他决定凭借自己的力量帮助那些需要帮助的人。于是，乔达摩把自己的东西都捐了出来，还走了很多地方，帮助人们的同时告诉他们做人做事的道理。后来，人们开始崇拜他，尊称他为“佛陀”，意为“知道一切的人”。于是，一个新的宗教兴起了，这就是佛教。

佛教派出传教士到各处传教。但是很久之后，佛教在印度不再像最开

仰光大金塔

始时那样盛行，很多人改信伊斯兰教。但印度东部有几个国家仍然坚持自己的信仰，一心信奉佛教，只不过仪式上有了变化。其中，有两个比较具有代表性的国家——缅甸和泰国。

缅甸的仰光坐落着仰光大金塔。这座塔是世界上最宏伟的塔之一。仰光大金塔的高度与华盛顿纪念碑差不多，金塔用砖砌成，外面镶着纯金，看起来有点像倒立的三角形。当我给 9 岁的小侄子讲完关于仰光大金塔的事情后，有一天，他兴冲冲地跑来告诉我说：“花园里有个小小的仰光大金塔。”我一时没有明白他说的是什么意思，于是便到花园去看。原来，小侄子把一个冰激凌蛋筒掉在地上，它头朝下栽倒在地，看上去就是一个倒立的三角形。

仰光大金塔塔基周围，还有几间小屋子，每间屋子里面都供奉着一尊佛像。大金塔中还有一个盒子，据说里面有佛陀的 8 根头发。那么，塔顶，有什么特别之处呢？那里有一把挂着铃铛的雨伞。

缅甸是世界大米的主要产地。大米是亚洲人最主要的食物，他们一天三餐都吃煮熟的大米。亚洲人的米饭，既不加糖，也不加奶油。

在佛教徒中流传着这样一种说法，人死后灵魂会进入动物体内，而国王的灵魂不会进入一般动物的体内，国王的灵魂会进入神圣的白象体内。白象并不是白色的象，而是灰色的。如果在泰国发现一群白象，那么就意味着这个国家将好运不断。

皇家的白象只是一种摆设，并没有什么实际用途，但普通的白象却有很多用途，如它可以运东西，还能耕地。大象非常聪明，可以与骑象人默契配合。只要骑象的人用脚在它身上东碰碰，西碰碰，它就知道自己应该做什么。大象好像有组织的工人一样，知道每天什么时候工作，什么时候休息，但是，如果你不给它洗澡的话，它就要罢工了。

缅甸有一种木材叫柚木，跟一般的木头不一样。如果你用这种木头做船，那你一定会沉到水里，因为柚木不会漂浮，而是会像石头一样沉到水底。虽然这种木头不能用来造船，但却是制作家具的良好材料，因为它能防白蚁。大象常做的一项工作就是搬运柚木。我总是希望自己能得到一头大象，于是就买了一个青铜做的大象放在桌子上。

泰国旁边有一个地方叫马来半岛，就像从“泰国”伸出的象鼻子。新加坡就在距离马来半岛半英里左右的海中。那里曾经是一片丛林，有很多

新加坡的标志狮身鱼尾

毒蛇和凶猛的老虎，没有人想要它。新加坡的主人想把这个小岛送给别人，可怎么都送不出去。最后，一个叫莱佛士的英国人以非常低的价格买下它，在小岛上建了一座城市。

英国人买下这座岛后经过一番建设，把它变成了像直布罗陀一样的交通枢纽，成为东西方交通的通道。于是，新加坡渐渐成为世界上重要的港口之一，那里的莱佛士酒店生意红火，可以看到来自世界各地的人。

新加坡位于地球的赤道上。据水手说，如果是第一次穿过赤道，那么就必须接受海神尼普顿的洗礼，我也不例外。记得当时我还没有做好准备，水手就一把将我推进了一个大水池中。我气喘吁吁地从池子里爬出来，还没等缓过劲儿来，他又把我推进一根管道中。等我从那里爬出来后，他们便把我带到尼普顿面前。尼普顿非常气派地坐在宝座上，递给我一张证书，这就代表我已经接受洗礼了。

大航海时期，探险家不仅想寻找印度，还想寻找与马来半岛邻近的东印度群岛和香料群岛。东印度群岛中有一个形状似胖胖的雪茄的岛是苏门答腊岛，岛上种植烟草，可以用来制作雪茄。东印度群岛中还有一个爪哇岛，那里盛产咖啡，但我还是觉得，巴西的咖啡更合我的口味。

在爪哇岛上，还有像鹰一样大的蝙蝠和像手掌一样大的蝴蝶，你也许会觉得奇怪，但它们确实存在，我就曾经见过。

历险手稿——暹罗

泰国在第二次世界大战之前叫作暹罗，“二战”结束后，才把名字改成了“泰国”。不过，现在还是有很多人习惯把泰国叫作暹罗。

暹罗的国家制度是君主专制，国王想做什么都可以。在我小时候，如果有人自以为是，我们就会说他：“你以为你是暹罗国王吗？”但是，现在的泰国国王不能像古时候那样随性而为了，他必须按照法律统治国家。

35 东方的大国

在亚洲东部，有一个巨大的半圆形半岛，中国便位于这个半岛。中国是一个面积巨大的国家，如果你想用尺子量一量它的边境线长度，那么你的尺子必须有 1.3 万多公里那么长。中国的边境线总长度将近 1.3 万公里，如果你从脚底挖坑，穿过地球中心，再从对面钻出来，那也不过这个距离而已。

在这个面积庞大的国家，有两条重要的河，几乎成了中国的标签。它们就是长江和黄河。在黄河北面，是中国的北部地区。一到冬天，西伯利

《清明上河图》所描绘的古都开封

黄河壶口瀑布

亚的寒风便像野马一样，呼啸着在北部驰骋，没有什么可以阻挡。于是，中国的北部便成了冰雪世界。但是，寒风到了黄河以南的地方便会收敛一些，那里有高大的祁连山阻挡，所以这一带要温暖许多。再加上这里有大片平地可供种植，因此生活着许多人。中国古代最繁华的城市之一——开封便坐落在这里。

从这里再往南，一直到长江以南，要更加温暖。长江以南有些地方甚至连冬天都很温暖。在这里，人们甚至可以种植椰子树，但是如果有谁想把这种植物种在北方，那他可就太傻了。因为北方的寒冷天气并不适宜椰子树生长。

黄河是一条很特别的河。它与长江一样，从中国西部高原开始往东流去。当它流经名叫“黄土高原”的地方时，便将大量泥沙带走，一路向东，流

中国的万里长城

入大海。黄土高原的黄土实在是太松软，很容易被水冲走。走在黄土高原的土地上，就好像走在沙滩上一样。当黄河带着大量泥沙来到入海口时，河水就变成了黄色的泥浆。

当黄河流经平坦的地方时，水里的黄土便会慢慢地沉淀下来，于是，黄河的河床越变越高，人们不得不一次又一次地加高河堤，最后，黄河的河堤甚至高过人们的屋顶。于是，在平坦的地区，黄河就好像一条流在天上的河一样。

黄河当然也会发洪水，但黄河的洪水可不像尼罗河或世界上其他大河那样简单。有时，黄河会改变原有的路线，就好像它不喜欢总是在同一个地方流入大海一样。当黄河改变路线时，它就像个暴躁的人，会摧毁身边的一切。房屋、树木，甚至其他河流的路线也会被它抢占。曾经有一次，黄河把位于它南面的淮河的路线夺了过来，从淮河的入海口流进大海。那种情景就好像莱茵河不再流进北海，却突然一转头，流到波罗的海去了。

中国境内有许多山脉，但是它们却不像意大利的阿尔卑斯山，或者西班牙的比利牛斯山一样，是天然的屏障。中国的山脉就像一道随时为客人敞开的门，将北部游牧民族迎进东部的富饶平原。后来，中国的第一位皇帝——秦始皇为了避免北边的游牧民族与自己争夺资源，便打算修一道城墙将游牧民族关在外面。

在这个面积广阔的国家修建这样一道城墙可不是一件容易的事。秦始皇动用了百万名工人才得以完工。这道城墙足有 8000 多公里长。从中国东海边的山海关到西部戈壁滩的嘉峪关，这道长长的城墙就像一条巨龙盘绕在巍峨的群山之间。正是因为它太长了，人们便称它为“长城”。长城不但长，还很高，最高的地方超过 7 米，那可有两层楼那样高啊。

这座又长又高的长城在很长一段时间确实阻挡了北方游牧民族前往东部平原的脚步，但是到了 17 世纪，有一位北方游牧民族的领袖最终成为整个中国的皇帝。那道长城并没能挡住他。

这样一个面积庞大的国家气候复杂多变。比如，每年 5 月，南方人就迎来了连绵的雨季，但北方人却还要再等上 2 个月才行。而且，北方的雨季要比南方短得多，雨水停留 2 个月便匆匆退去，但南方的雨季却能持续整整 5 个月。

如果一个白人、一个黑人和一个中国人站在一起，那么中国人的肤色看上去就像白人与黑人之间的过渡色一样。中国人属于黄种人，但实际上，皮肤颜色看上去并不显得有多黄。

历险手稿——京杭大运河 

2500多年前，中国古代有一位皇帝修建了一条大运河，沟通中国南北。这就是世界上里程最长、工程最大、最古老的运河之一——京杭大运河。它与长城一起，被称为中国古代最伟大的工程。

京杭大运河全程将近1800公里，它从中国的北京出发，一路经过河北、山东、江苏、浙江，最后到达杭州。这条大运河从北到南贯通海河、黄河、淮河、长江、钱塘江五大水系，为当时的南北航运做出了巨大的贡献。

尽管京杭大运河十分古老，但它仍有一部分河段具有通航功能。

36 迷人的国度

即便美国所有煤矿和铁矿都被用完，中国的煤矿和铁矿还能富余许多。除了煤和铁，中国还有许多其他丰富的物产。

中国著名的水利工程四川都江堰

在中国东部地区，有一片巨大的平原，由长江带来的肥沃土壤堆积而成。于是，这里成为有名的鱼米之乡，盛产稻米、茶叶和棉花。长江沿岸的港口将这些物资源源不断地运送到各个地方。这里的土养育着无数的人，中国绝大多数人口几乎全都集中在这里。因为这里物产富饶，中国的皇帝曾经把这里定为都城。

这些平原往西一些，是中国山地集中的地区。长江在那里流经名叫四川的省，面积几乎与法国一样大。那里的土壤呈现红色，同样肥沃。这里的人口集中程度一点儿也不比东部平原小。

在长江流经的城市中，有一座名叫汉口。1840 年到 1842 年，这里曾

19 世纪的汉口

经是一个繁华的贸易港口。从汉口继续往下，我们可以到达上海。上海，是中国最早对外开放的海港城市之一。

除了上海，中国沿海还有许多港口。在那里，每天都进行着大量贸易活动，如广州。它是中国南方最重要的城市之一，中国人在此处将丝绸、茶叶和瓷器出售给外国人，同时外国人带来的货物也从这里进入中国。

中国的建筑风格独特。无论是普通的民居还是宏伟的宫殿和庙宇，所有建筑都拥有美丽的外观，特别是中国古代皇帝的皇家宫殿。

上海外滩

皇帝的宫殿在北京，名叫“紫禁城”，意味着只有皇帝和他的家人才可以在里面居住。这座皇家宫殿总共有 9000 多间房间。如果从出生那一天开始，每天换一个房间住，那么到你 30

岁那年，你才能住完全部房间。紫禁城用黄琉璃、青白石底作建筑材料，金碧辉煌，画满了美丽的彩绘。这座宫殿被将近四层楼高的城墙围住，墙上筑有塔楼用于防御。城外，还有一条护城河环绕。这座宫殿曾经让见多识广的马可·波罗流连忘返，至今，它仍然吸引着世界各地的人前来参观。

这里生活着许多人，全世界每五个人中，就有一个是中国人。许许多多的人生活在这片面积巨大的土地上，他们来自不同的地区，说着不同的方言。如果一个北方人到了南方，他很可能完全不明白同胞在说些什么，就好像一个美国人听不懂德国人在说什么一样。而且，北方人平时吃的食物也与南方同胞差别很大，如南方人爱吃稻米，而北方人喜欢吃面。

当中国人的祖先发明指南针用来指示方向，懂得用铁来制造工具的时候，世界上其他地区还有人仍然用石头所制的工具。中国人将自己的思想记录在书本上，一代代地传下去。如果你要修建图书馆来存放这些书，一座可不够，至少得三座才行。

紫禁城全景

蔡伦，造纸术发明人

提到中国，那就不得不说除指南针外的其他三项发明：活字印刷术、火药、造纸术，与指南针一起，被称为中国古代四大发明。

当中国人开始使用纸时，欧洲人还在羊皮上写字。中国的纸，是以植物纤维为原料，经过切断、沤煮、漂洗、舂捣、帘抄、干燥等工序制成。这种技术最初是在公元 105 年，即中国的东汉时期，由蔡伦在总结前人造纸经验的基础上改进而来。公元 7 世纪时，中国的造纸术传到日本，8 世纪中叶传到阿拉伯。而欧洲直到 12 世纪才学到这种造纸方法。

公元 1004 年至公元 1048 年，北宋时期的刻字工人毕昇发明了活字印刷术。人们先用细质带黏性的胶泥制成四方长柱体，然后在上面刻单字。这些字都是反写的，然后把它们印入窑烧硬，这就是活字。当人们印刷文章时，先按文章内容将活字排好做成印版，然后再印刷。

毕昇，活字印刷术发明人

至于指南针，简直不可思议。它一直指向北方，无论你用多大力气转动，它都不会改变方向。正是由于这种神奇特性，当它最早被传进欧洲时，欧洲人竟然认为它具有魔力，因此把它称作“魔针”。水手特别喜欢这件神奇的东西。有了它，即使遇到阴雨天气，他们也能在茫茫大海中辨清方向。

中国销往欧洲的彩瓷

火药起源于中国古代道家的炼丹术。硫黄、砒霜等猛毒的金石药是炼丹的基本原料，因此炼丹家在炼制丹药前要先将它们进行烧灼，以降低它们的毒性。火药就是在这个过程中发展而来的。

我一直觉得中国道士炼丹的过程有点像魔法师在配制魔法药水。当然，炼丹师最终配制出来的不是“药水”，而是一种粉状的物体。而且，每个炼丹师配制丹药的方法都不同，当这种配方传到军事家手里时，就成了黑色火药。

除了四大发明外，瓷器同样是中国人的伟大发明。它们拥有美丽的外观，还具有相当的实用性，我们经常可以在欧洲和美洲家庭中看到它们。或许你的家里也摆着一件中国来的瓷器也说不定呢。

历险手稿——中国瓷器 

在英文中，“瓷器”与“中国”同为一词——China。中国被誉为“瓷器的故乡”。公元前16世纪，中国就出现了最早的瓷器。经过几千年的发展，到了宋代时，中国瓷器发展到了最高峰。

宋代的中国出现了汝窑、官窑、哥窑、钧窑和定窑，即宋代五大名窑。现在，江西景德镇出产的青花瓷，成为中国瓷器的代表。青花瓷釉质透亮纯净，胎体质薄，洁白的底色上绘着蓝色纹饰，素雅清新。

中国的瓷器不仅深受本国人民喜爱，同样得到世界其他国家人民的喜爱。中国瓷器经贸易传到各个国家。一些古代瓷器成为收藏家的至爱，另外，欧美人士也喜欢在亲朋结婚时，将中国瓷器作为礼物赠送给新人。

37 时常晃动的岛国

在中国东面1000英里左右的地方有个岛国，那里经常发生地震。最初，当地人不知道地震发生的原理，便认为大地晃动是因为海里生活着一头海蛇怪，只要它一醒来，小岛就会晃动起来。当然，现在人已经知道，小岛之所以会晃动并不是因为所谓的“海蛇怪”，而是海里的火山。

马休·卡尔布莱斯·佩里，时任美国东印度舰队司令、海军准将的他率领的舰队于1853年7月抵达日本并触发了“黑船事件”，就此打开日本封闭的国门。1854年3月31日，佩里再临日本，并代表美国与日本签订第一份不平等条约——《日美亲善条约》。

这个经常晃动的岛国就是日本。“日本”，意思是“太阳升起的土地”。日本人把自己的国旗也做成太阳的模样。

日本人与中国人一样学习中国的文字，用筷子吃东西。很早以前，日本人对除了中国以外的国家毫不知情，也禁止其他国家进入日本地界。然而，日本这种闭关锁国的政策被美国人打破了。19世纪，一个叫佩里的美国军官想打开日本的国门，就给当时的日本统治者天皇送了很多奇珍异宝。天皇非常高兴，于是就想了解佩里和他的国家。佩里向天皇承诺如果日本打开国门，就

日本的人力车

会大有收获。天皇同意了。

从那以后，日本就走上了对外开放的道路。他们派遣年轻人去美国学习西方先进的科学技术、政治制度等。学生学成归国后，就把学到的知识和技术传授给国内的人。

日本人是很好学的。在很短的时间里，他们就掌握了许多科学技术，制造了很多火车、汽车、电灯，甚至学会了如何制造飞机、坦克、战舰等。不过，你或许不知道日本人模仿美国人制造的第一件东西是什么，那就是“人力车”。

当时，一名住在日本的美国人仿造美国的婴儿车的样子，给他的妻子做了一辆车，并雇了一个日本人来拉车。日本人觉得这种车是一个商业契机，于是进行大量生产，最终，这种人力车在东南亚一带广为流行。

不过后来，日本参加第二次世界大战，把自己学到的高科技运用到战争中，给全世界爱好和平的人带来了灾难。最终，日本在战争中被打败，从那以后，它再也不能使用这些武器。

在日本，无论男女都穿着一种你从来没有见过的服装——和服。它是日本的传统服饰，看起来就像我们睡觉时穿的睡袍，不过穿和服的过程可是要比我们穿睡袍难多了。

日本的男孩和女孩都有自己的节日。女孩的节日叫作“女儿节”。每年3月3日这一天，每个女孩都会把自己的玩偶整齐地摆出来，开心地玩耍。男孩的节日是在5月5日，也叫“风筝节”。在这一天，每个家中有男孩的家庭，都会在自家门前竖起一根挂着鲤鱼的木杆，这是在告诫男孩要像鲤鱼一样，逆流而上，遇到困难不要畏缩不前，要勇往直前，成为真正的男子汉。

身穿和服的日本偶人

日本的孩子十分热爱学习，求知若渴。记得有一次，我在一家商店买东西，有个日本小男孩跑过来，用英语问我能不能免费给我当一天导游。我还以为他是想向我展示一下他们的特色，谁知道其实他是想练习英语口语。我还去日本的一个学校参观过，那里的孩子都非常热情，让我回去一定要给他们写信，他们会用英语给我回信。

日本的鲤鱼旗

日本人喜爱各种花草。日本的花期有两季，一个是春季，这时所有的桃花、杏花、樱花都竞相开放，争鲜夺艳；另一个是秋季，各色菊花绽放。在每一座日本房屋前面都有一个或大或小的

日本的樱花

花园，里面有湖泊、小桥等各种模型，可爱至极，形象生动。日本的橡树、枫树都非常矮小，你根本看不出它们的实际年龄。

日本人非常爱干净，所以经常洗澡。浴缸是一个巨型的木桶，他们只能坐在里面。这些都不奇怪，真正让人感到奇怪的是，日本一家人洗澡时，中间不换水，一个接一个地洗，用的都是同一盆水。

历险手稿——日本的全民运动 

在日本，相扑和美国的棒球、西班牙的斗牛一样受欢迎，几乎每场相扑比赛都座无虚席。

有时，你会在日本的一些地方看到关于相扑运动的画。参加相扑运动的双方就像图中画的那样，有几百磅重。比赛开始时，选手像两只巨大的牛蛙伏着身子，待在原地不动，寻找着抓住对方并将其扳倒的机会。这样的摔跤大部分时候都在等待。尽管日本人对这项运动十分着迷，但美国人却觉得它实在太缺乏动感。

38 让人艳羡的日本“特产”

日本的富士山

从日本回国之后，我就给当时嘱托我写信的小男孩寄去了明信片。我精心选择了一些自认为最具代表性的明信片。比如，有一张印着华盛顿的国会大厦，有一张印着尼亚加拉瀑布，还有一张印着纽约的摩天大楼。

令我感到高兴的是，不久之后，每个小男孩都给我回了一封的信，信中同样展示了日本最具代表性的景物，有的是他们自己画的，有的是夹在信中的图片。

有三个小男孩都画了同一座漂亮的山。我看出来了，他们画的是富士山。富士山在日本的地位非常神圣，是一座火山，不过已经沉睡了很久，山顶终年白雪皑皑。日本人非常喜欢富士山，在扇子、盒子、碟子、雨伞、灯笼、屏风等很多东西上，都可以看到富士山的影子。

还有两个小朋友画了同一座青铜佛像。画面上，一座巨大的青铜佛像矗立在小树林中，显得非常雄伟。佛像的大拇指上可以坐五六个人，可见它有多么庞大。佛像的眼睛被画成黄色，我知道那是因为这尊佛像的眼睛是用纯金做成的，所以小朋友便在画面上将佛像的眼睛画成了黄色。佛像的前额有个白银做的大球。这尊佛像并不是普通的佛像，而是日本人用来纪念知名人物和圣人的，就像我们的纪念碑的作用一样。

除了这两个景物以外，还有一些别的图画：

其中一幅是东京的街景照片。东京是日本的首都，是日本最大的城市。不过在100多年前，日本的首都在京都。那时日本的城市里没有高楼，就算京都也没有。那时的日本房屋都用木头搭建而成，而且大都只有两层，有些矮小。

日本的房屋矮小，是因为日本经常发生地震。日本处在地球的地震多

日本东京

日本京都金阁寺

日本传统民居

发带上，所以几乎每天都会发生微弱的地震。当大地震发生时，地面会被撕裂，即使矮小的房屋也会倒塌，更别说高大的楼房了。因此，日本不适宜建太高的房屋。

有一个小男孩画了日本的房屋。那就是一幢木头房子，窗户上糊着纸。日本房屋的地板上会铺着厚厚的、大小一致的草席。在日本，人们根据草席的大小铺设地板，而不是根据地板的大小制作草席。铺设地板时，就会说是几张草席的大小。

为了保持草席清洁，日本人进屋前都会脱鞋，就像你不会穿着鞋上床睡觉一样。日本人也不会穿着鞋子踩草席，所以他们只穿着袜子进屋。日本的袜子就像手套一样，脚趾一个个分开。

木头房子有一个缺点：在地震中，灯和炉子很容易碎裂倾倒，如果此时房子刚好是木制的，那就很容易失火。如果一排相连的房子都是木制房屋，那么一个房子起火，周围的房子也会起火，严重的时候，大火会连续烧毁几千栋房子。

不过，这些都已经成为历史。如今，日本人发明的抗震技术已非常先进。许多高楼都可以抵御 10 级以上的地震，所以，如今东京有很多超过 200 米的高楼。

日本的房子具有很强的抗震功能，是因为它们并不直接建在地面上，而是搭建在地下的水泥平台上。这样，地震发生时，房子就不容易倒塌。美国也有很多房子是由日本的建筑师设计建造的，都非常结实。

有一个孩子画了两个日本人用一根木棍抬着一只桶的情景，但是我看不到桶里装的是什么，不过我猜想应该是鱼。日本国内牛、羊、猪等动物很少，所以日本人很少吃肉，而且虔诚的佛教徒都不吃肉，但日本人很喜欢吃鱼，而且他们认为鱼肉不属于肉类。

日本可以称得上全世界吃鱼最多的国家。在日本，随时都可以捕到很多鱼，因为日本四面环海。日本有世界最著名的渔场之一——北海道渔场。那里的海水温度适宜，适合多种鱼类生长。日本的渔民非常多，也很善于捕鱼。或许，刚才那幅画上挑着水桶的两个人就是鱼贩，他们正抬着刚刚从海里捕回来的新鲜活鱼。

还有一幅画上画着种满水稻的水田。其实，日本平原很少，仅有的一些平原，也因为面积狭小能种水稻的地方并不多。在这幅画北面，还画着一片茶场。在日本，茶是人们最主要的饮品。日本人喝茶不像美国人那样

日本茶道的茶室

日本的千本鸟居

往茶里加糖加牛奶。日本人喝清茶，里面什么也不放。

日本有很多为客人提供娱乐的茶室和茶园，还有艺伎给客人奉茶，并表演弹琴和跳舞等节目，艺伎们弹的琴很像班卓琴。

有一幅画画的是一道叫作“鸟居”的木门。“鸟居”有“鸟歇脚休息的地方”之意。鸟居通常被作为通往寺庙或神社的门，有单独的，也有成排的，是非常神圣的门。

我继续拆开这一封封美妙的信，又发现了一张图画，画的是日本的寺庙和花园中常有的石灯笼。这种石灯笼很大，但是发出的光却很暗，几乎没法用来照明，所以，石灯笼的主要用途是装饰。我听说日本有一个灯笼节，节日里用的灯笼不是石灯笼，而是和我们一样的纸灯笼。

还有一张图画的是三只

用木头雕刻成的猴子。这三只猴子有特别的寓意：一只猴子把爪子放在自己耳边，告诫人们“不听邪恶的话”；另一只猴子把爪子放在嘴边，告诫人们“不讲邪恶的事情”；还有一只猴子把爪子放在眼睛边，是告诫人们“不看邪恶的东西”。

日本的石灯笼

日本皇宫

最后一封信中有一张照片，照片上的人是日本天皇。现在很多国家都不再有皇帝，国家的领导人变成了总统。在其他地方改变巨大的日本，却在天皇制度上始终没变，并有一直延续下去的趋势。到目前为止，天皇家族统治日本已经有两千多年的历史。第二次世界大战失败后，日本得到其他国家的许可，保留天皇制度。现在的日本人虽然仍然非常尊敬天皇，但他们已经不像以前那样把天皇当作神一样崇拜了。

历险手稿——为什么日本人喜欢坐在地上

要是我们坐在地上时间长了，就会觉得很不舒服，但是日本人却偏偏喜欢坐在地上。

我在火车站看到过日本人宁可盘腿坐在地上，也不去坐旁边的长凳，我不明白这是为什么。有些美国小女孩也像日本人那样喜欢盘腿坐在椅子上，但是男孩却从来不这么坐。日本人吃饭时，每人面前放一张桌腿只有几英寸高的桌子，上面放着食物，所有人都跪坐在地板上吃饭。他们睡觉就在草席上，不用床，用和服当被子，用硬硬的木头当枕头。

39 万岛之国

有一些国家并非一整块完整的大陆，而是由一些岛屿组成。这些小岛就好像漂浮在海面上的巨大船只一样，将国家托在海面上。比如，亚洲的菲律宾就由一系列岛屿组成。如果你在亚洲南部海面上看到一串呈半环形的岛屿，像西太平洋上的一串美丽珍珠项链，那就是菲律宾。

组成菲律宾的岛屿一共有 7000 多座，它们数量虽多，但似乎并没有太多可值得说的地方。首先，它们的面积都很小，仅有 462 座超过 1 平方英里。因此，这 7000 多座岛屿的面积总和，还不如英国面积大。或许，正是因为这些岛屿实在太小，小到大家都没有兴趣给它们起名字，所以，在组成菲律宾的众多岛屿中，仅有 1/4 的岛屿有名字。

菲律宾看起来似乎很危险，因为就在这片面积不到 30 万平方公里的土地上，竟然有 25 座火山。不过放心，这些火山中只有两三座还能时不时汩汩地冒出浓烟，其他的都已经完全沉睡。那些沉睡的火山就好像已经死亡的巨大怪兽一样，再也无法呼吸，所以我们叫它们“死火山”。

菲律宾的陆地有火山，周围的海洋里还有一个巨大的深坑。它到底有多深呢？这么跟你说吧，就算我们把世界上最高的山峰珠玛朗玛峰扔进这个洞里也无法将其填满。这个洞大到可以把世界上所有生物全都吞

菲律宾首都马尼拉

进肚子里。

不过，看起来危险的菲律宾并不是真正那样危险。这里也有繁华的城市，如菲律宾的首都马尼拉。马尼拉是亚洲最重要的商业中心之一。它的港口常常被来自世界各国的船只填满。而且，如果菲律宾不是好地方，那么当年西班牙人在进行殖民扩张时便不会想方设法地打败众多对手，占领这里。

39 万岛之国

1494年，正当西班牙与葡萄牙为了殖民地的划分争得不可开交的时候，教皇拿来一把尺子，在地图上画了一条红线，穿过亚速尔群岛和佛得角群岛的正西方。画完之后，教皇宣布，这条线以西的地方，是西班牙人的地盘，葡萄牙人则拥有这条线以东的所有地方，这便是有名的《托德西利亚斯条约》。就这样，菲律宾变成了西班牙的殖民地。

菲律宾是亚洲、欧洲、美洲的贸易中转站，而占领这里的西班牙人，就像有权势的中转站站长一样，获得了大量财富。当然，现在菲律宾早已脱离西班牙的殖民统治，成为一个独立自主的国家。

除了菲律宾的众多岛屿之外，太平洋上还有其他岛。如果我们在大西洋与太平洋的每一个岛屿上都放一粒米，就会发现放在太平洋上的米粒要比放在大西洋上的多得多。太平洋上有斐济群岛、萨摩亚群岛、美拉尼西亚群岛等。在这些群岛中有一些很特别的地方，如马来群岛。

很久很久以前，地壳发生猛烈的变动，亚洲南部的一些陆地被海水淹没，只有一些高地、山峰因为地理优势从水面下探出头。这些探出水面的地方，就变成了今天的马来群岛。这里与菲律宾一样，有许多火山。其中一个名叫爪哇的岛上，就有120多座火山。不过幸好，这些火山还算安分。虽然它们有时会鲁莽地咆哮，喷出吓人的气体，但好歹没有造成大的灾难。

不过，如果这里的火山一旦忍不住大发脾气，那可就糟了。比如，1883年8月26日早晨，位于苏门答腊和爪哇之间的喀拉喀托岛上的火山爆发。火山张着大口，吐出大量的灰尘，灰尘张牙舞爪地向四面八方扩散开来。火光把天空都染成了红色，直到六个星期以后，人们才能隐约看见天空的本来颜色。火山爆发过后，人们发现，整个喀拉喀托几乎不见了踪影。据说，爪

爪哇岛的布罗莫火山

哇人为了安抚这些火山，曾经将自己的同伴活生生地投入冒着热气的火山口里。

不过，火山灰也令这里的土壤变得肥沃。人们在这些土地上耕种，一年能获得三次收获。气候也帮了爪哇植物的大忙。这里冬暖夏凉，到了雨季，会有丰沛的雨水。各种热带植物在这里茁壮地成长，这里还是咖啡、茶叶、烟叶、橡胶、甘蔗、椰子的天堂。

希望我所说的这一切能改变你对爪哇岛的恶劣印象。尽管这里不是伊甸园，但却是一片被大自然钟爱的土地，因为除了爪哇以外，马来群岛上的其他岛屿都不太适合农作物生长。不过，自然很公平，它给了这些岛一定的补偿。比如，看起来像一张蜘蛛网的西里伯斯岛盛产香料，人称香料群岛；苏拉威西岛则盛产油画颜料，如果你有一位生活在维多利亚时代的长辈，那么找找看他是不是给你留下一套锁具，锁具上的装饰物很有可能就是用苏拉威西岛生产的颜料画成；还有巴厘岛，风光秀美，一直以来都是观光旅游的好地方。

太平洋上的这些岛屿历史都很悠久，考古学家还在这里的婆罗洲和苏门答腊岛发现了最早的人类化石，所以，可以这样说：人类正在这个古老的世界里，与我们的近亲类人猿表兄挥手告别。

这些岛屿真是太多，我要写一本很厚很厚的书才能把它们全都介绍给你。无论它们拥有怎样独特的风格，都与繁华的第五大道或忙碌的华尔街不同。在这些遥远的岛上，我们似乎可以远离大街上轰鸣的马达声与工厂的机器声，回到安静而古老的世界。

巴厘岛的乌布皇宫

历险手记——塔希提岛 

在波利尼西亚群岛中最大的一座岛屿叫作塔希提岛。这里四季如春，物产丰富。来到这里的人都会被这里迷人的热带风光吸引。这里有成林的棕榈树、椰子树、杧果树、面包树、香蕉树、木瓜树等，热带水果更是四季不断。当阳光随着海风离去，海水的颜色会渐渐变得幽深。在这里生活的人们或许正过着世界上最闲适的生活。他们最经常做的事情，便是在海边凝望深思。这片山清水秀的土地被誉为“太平洋上的明珠”，但人们更愿意把它叫作“最接近天堂的地方”。

40 山姆大叔的故乡

你能想象这样一个人吗？身材高大的男子，穿着一件国旗样式的衣服和一条红白相间的条纹裤子，头上戴着一顶满是星星的帽子。他就是大名鼎鼎的山姆大叔。现在我们就来说说山姆大叔的故乡——美国。美国是北美洲上很小的一部分。

山姆大叔

记得小时候第一次看见美国地图的时候，我感觉它就像一条打满补丁的被子。当然，现在我知道这些补丁事实上就是美国的各个州。在地图上看，美国各州的边界有的笔直，有的弯曲。当然，在现实生活中，这些州之间并没有明显的界线，地图上的线只是为了方便人们分出各个州的边界而加注的。

美国各州的面积有大有小，最大的州是得克萨斯州（本土最大的州）（最大的州是阿拉斯加州），最小的州是罗得岛州。一个得克萨斯州能装下200多个罗得岛州。美国的每个州都有各自的城市、城镇和乡村。我所住的州叫马里兰州。

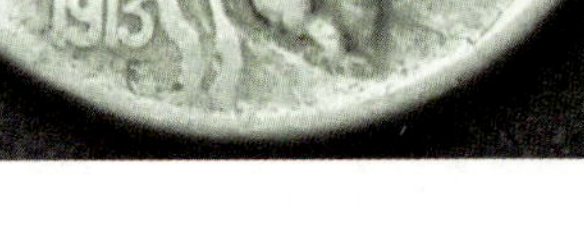

1913年的五美分硬币正面

1913年的五美分硬币背面

如果你的父母有收藏硬币的习惯，那么你可以找找看他们的藏品中有没有一枚1913年美国的五分硬币。这个硬币很好认，上面刻着美国的全名“美利坚合众国”，正面是一个印第安人头像，反面则是一头美洲野牛。我的家里就有一枚。每当我们看着这枚硬币时就会想起，很早很早以前，美国根本没有白人，也没有金毛猎犬这样的动物，印第安人是美国大陆上最早的居民，而美洲野牛则是美国最早的动物。

事实上，很早很早以前，世界上连美国这个国家都没有。当时，大西洋海岸边有13个面积不大的州，后来，这13个各自独立的州想联合起来，以增加力量和竞争力，于是，它们便联合了起来，这就是最早的美国。而它们之所以想要联合起来，是受到一句话的启发：“聚在一起就有力量。”直到现在，这句话依然是美国人的座右铭。

1777年正式使用的美国国旗(13星)

2000年至今使用的美国国旗，左上角有50颗星。

既然成立了国家，那就得有自己的国旗。我们总认为13是个不吉利的数字，不过那时的人们可不在乎这些，所以这13个州的国旗上有13道条纹，7红6白，在旗帜蓝色的一角，还有13颗白色的星代表13个州。慢慢地，更多的州加入，直至今天的50个州。每增加一个州，人们就会在国旗左上角增加一颗星星，因此如今美国国旗共有50颗星，代表50个州。如果我们把美国的50个州串成一串排开，会从大西洋一直延伸到太平洋，从日出的地方延伸到日落的地方。美国的硬币上也刻有“epluribus-unum”，意思是“从一到多”。

前面说到美国最早的原住民是印第安人，如今美国很多州依然使用原来的印第安名字作为州名，你能猜出哪些州是印第安人的州吗？我可以给你一点提示：在美国所有的州名中，用“新”开头的州都是根据其他国家的地名来取的，所以肯定不会是印第安人的州，如新墨西哥、纽约（在英语中，New York意为新约克）；另外有一些州的名字是女孩的名字，如弗吉尼亚，也不会是印第安人的州。那么哪些州是呢？比如，明尼苏达（意为“蓝天和水”）州、俄亥俄（意为“漂亮的河”或“巨大”）州等许多其他州都属于印第安人的州。

历险手稿——山姆大叔的由来

在纽约州的洛伊城有一位叫山姆·威尔逊的肉类包装商，他做生意很讲诚信，所以在那里很有威信，当地人都亲切地称呼他为“山姆大叔”。美国独立战争时期，山姆大叔担任纽约州和新泽西州的军需检验员，工作内容就是在供应军队的牛肉桶和酒桶上盖章。

1812 年 1 月，纽约州州长去加工厂参观，看到每个牛肉桶上都有 E. A.—U. S. 的标记，就问工人是什么意思。一个工人说：“E. A. 是军火承包商的名字，U. S. 是美国的缩写。”另一个工人开玩笑地说：“U. S. 就是“山姆大叔（Uncle Sam）。”

这件趣事由此传开，“山姆大叔”的名字也不胫而走。连漫画界也开始使用“山姆大叔”形象。终于，1961 年，美国国会正式承认“山姆大叔”为美国的民族象征。

41 备受推崇的“华盛顿”

你注意过“头”的意思吗？人戴帽子的地方叫头，上尉是士兵的头，一个国家也有“头”。但是，这个“头”可不是某个人，而是一座城市。国家的“头”就是“首都”。

美国刚建国时，人们要选择一个合适的地方做首都。当时，有 8 个地方被列入候选名单。人们分析 8 个地方各自的特点后认为，最靠近国家中心的一片沼泽位置最好，于是便在这片沼泽地上建起了一座城市，然后，用美国第一任总统的名字乔治·华盛顿将它命名为“华盛顿”。

那时，华盛顿只是片沼泽洼地，自然环境极其恶劣。不过如今华盛顿已经变为世界上最美丽的城市之一，有恬静的公园、雄伟的建筑。以前的华盛顿距离国家中心很近，但是随着美国领土面积的扩大，如今的华盛顿距美国的中心地带超过 1000 英里，变成了美国的边界。

美国人似乎对“华盛顿”这个名字特别有感情。除了首都叫华盛顿外，还有其他 27 个城市被称为“华盛顿”。如果你想给住在“华盛顿”的朋友写信，那么一定要在信上标明那是首都还是其他地方，否则你的朋友很有可能无法及时收到信件。

我小的时候在首都住了一阵子。当时，我以为国会大厦是全世界最漂亮的建筑，但在走过许多地方、到过许多名胜游览以后，我改变了自己的

美国国会大厦

美国国会图书馆

想法。不过，虽然美国国会大厦并不是我见过的最美丽的建筑，但它对我的意义却很独特。

我曾经试图在沙堆中堆出一个国会大厦：先用鞋盒装上满满一盒湿沙子，然后把盒子倒扣将沙子倒出，再用同样的方法用茶杯做个圆顶。而这个圆顶，最早我以为它是国会大厦的首创，可是后来才知道最早有圆屋顶的建筑是意大利的一座教堂，而且也不是所有国会大厦都有圆屋顶。

国会大厦两侧有两栋雄伟的房屋，分别是参议院和众议院。在参议院的人被称为参议员，众议院的人被称为众议员，参议员和众议员有男有女，而参众两院负责制定所有美国人都必须遵守的法律。

每个州只有两名参议员可以进入华盛顿的国会，不论大如得克萨斯州还是小如罗得岛州，都不例外。同时，每个州还需向华盛顿的国会派驻众议员，众议员的数量由各州的人数比例来决定。比如，纽约州人多，国会中众议员的数量就多。国会由参议院和众议院组成，当国会举行会议时，国会大厦会升起一面旗帜。

从国会大厦穿过一个公园，就会看到一座有着金色圆屋顶的巨大建筑，这就是国会图书馆。任何人想在美国出版图书，都必须先送两册到这里，然后图书馆会授予他“拷贝的权利”。也就是说没有它的允许，任何单位和个人都无权印刷本书，这正等同于我们今天在很多书中看到的“版权”标志，因此，国会图书馆有着世界上最丰富的藏书。

有一个与“版权”相类似的名词叫“专利”。它出现在相机、电视机等很多产品上。任何一个人若发明了一项新的东西，不论大小，不论贵贱，他都必须先送一个模型到专利局申请专利。

如果专利局承认你的确是第一个发明这件东西的人，那么他们就会授予你制造和贩卖这种新产品的权利，而其他人都无权制造或贩卖同种商品，这就是专利。还记得小时候我经常流鼻涕，曾发明过一种新手帕。我

美国财政大楼

一用手帕擤完鼻涕，一根皮筋就会把它自动拉回口袋里，我将它称为“瞬间弹回”手帕。如果我那时去申请，说不定也能申请到它的“专利”。

从华盛顿一条叫宾夕法尼亚的宽阔大街穿过，我们会看到一座类似银行的建筑，那就是财政部。10 美元的图案上就是这栋建筑，而代指美国的 US 字母稍作变形也是美元“$”的标志。财政部虽然是美国的财富集散地，但是，这里并不制造纸币。纸币要在印钞厂里生产。

“看到那边那个摇着印刷机手柄的人了吗？他一天能创造 100 万美元！”

“哇！那他一定是世界上最富有的人了吧？”

“噢，不！他一天才挣 50 美元。”

这是每位游客参观铸币厂时都会与导游进行的一场对话。

在美国有很多白色的房子，其中最与众不同的应该属财政部旁边的那一栋，那就是总统的居住地——白宫，20 美元上面的建筑就是它。

从白宫的后门进入后花园，首先映入眼帘的是“华盛顿纪念碑”。这座纪念碑是世界上最高的单块石刻作品，看上去就像一根巨大的手指，不过实际上它并不是很高，大概有 160 米，还没有一座小山高。华盛顿纪念碑前还有一个长长的水池，水质清澈，水面平静，仿佛一面镜子倒映着纪念碑。

这座纪念碑是华盛顿最高的建筑，是为了纪念美国国父华盛顿而建造的。不过，这座纪念碑不像其他纪念碑一样在上面刻字，而是一个字也没有。你能想到为什么吗？

华盛顿纪念碑

我想每个人都会有一个自己的小书柜，就像自己的博物馆一样。我在自己的旧书柜中储存了一个海星、一些贝壳、一个鸟窝、一块金石头，而广袤的美国也有这样一个贮存来自世界各地奇珍异宝的书柜，那就是美国国家博物馆。

历险手稿——5 美元钞票上的建筑 

5 美元钞票上有一座建筑，那就是林肯纪念堂。这是一座为了纪念美国第 16 任总统林肯而建造的大理石建筑，里面还摆放着一尊安坐在椅子上的林肯雕像。

在林肯任职期间，美国爆发了内战。林肯用一己之力维护了美国统一，人们此后特别为他修建了一座如此精美的纪念建筑，寄望他维护统一、维护和平的精神永存。

42 用女王和男爵命名的城市

早在美国形成以前，有一条河静静地流过现在美国首都华盛顿所在的地方，那时河边住着一群印第安人。他们泛舟河上，带着自己的东西去换自己需要但尚且没有的东西。比如，用珠子换毛皮，用弓换箭，用玉米换土豆等。

这片土地上的印第安人大多是商人，商人在印第安语中被称为“波托马克”，因此这条河也被称为“波托马克河”。波托马克河是美国的两个

波托马克河

州——马里兰州和弗吉尼亚州的分界线。这两个州的名字来自两个女王。

印第安人把波托马克河下游的那片宽阔水域称为“切萨皮克”，意为“百川之母”。它就是我们今天在地图上看到的，美国最大的海湾——切萨皮克湾。

切萨皮克湾到处都是牡蛎，可当时的印第安人并不知道牡蛎是一种鲜美可口的食物。直到有一天，一个印第安人实在饿得不行，可是又找不着可吃的东西，于是他跑到切萨皮克湾找了些牡蛎，敲开壳吃了里面的肉，结果味美肉嫩的牡蛎一下子吸引了他，而牡蛎的鲜美也随之传开了。今天世界上很多地方都有牡蛎，不过很多爱吃牡蛎的人还是认为切萨皮克湾的牡蛎最大最鲜美。

切萨皮克湾附近有两座重要的城市，分别是安纳波利斯和巴尔的摩。安纳波利斯是“安娜之城”之意，与马里兰州、弗吉尼亚州一样，也是用女王的名字命名。

安纳波利斯是马里兰州的首府，里面有一所专门培养水兵的学校——美国海军学院。海军学院的学生都是从各州脱颖而出的优秀学生，他们在海军学院不仅学习所有与船只、作战有关的理论知识，还要学习如何指挥船只作战。有时，他们还会代表美国海军出访其他国家。

巴尔的摩则是马里兰州最大的城市，也是一位英国男爵的名字。这里诞生了从巴尔的摩通往俄亥俄州的第一条铁路，简称“巴俄铁路”。巴尔的摩还有著名的约翰·霍普金斯大学和约翰·霍普金斯医院。霍普金斯大学吸引了全世界的优秀人才来这里学习，而霍普金斯医院则

美国海军学院大门

约翰·霍普金斯大学

是全世界病人都信赖的好医院。

曾经有一位叫宾的男士拥有了马里兰州北部一个被森林环绕的州。那里树木高大浓密，而且生长迅速。这就是现在的宾夕法尼亚，意为“宾的森林”。其实在宾拥有这片土地之前，当地已经有大片森林。后来随着时间的推移，树木枯萎死去，埋入地下。经过很长一段时间，这些树木的尸体逐渐形成丰富的黑色岩石，并且可以燃烧。这就是今天我们所说的“煤”。

煤分为两种，一种软煤，一种硬煤。其实软煤一点儿也不软，而是与其他煤一样坚硬。人们之所以称它为软煤，是因为它与其他煤比起来更容易破碎。硬煤是煤中的精品。硬煤燃烧以后，不会像软煤那样产生很多灰尘。当然，它要比软煤贵一些。

宾夕法尼亚东部盛产硬煤，西部盛产软煤。挖煤需要在地下工作，因此对于矿工来说，白天和黑夜没有区别。正是得益于这些辛苦的矿工，我们在冬天才能用上暖气。不过，开采煤矿要进行大量的挖掘，所以现在宾夕法尼亚地下出现了很多空洞。

宾夕法尼亚的煤矿

宾夕法尼亚州还有丰富的铁矿资源。铁矿通常混在岩石之中。人们为了从铁矿石中提炼铁，要先将铁矿石熔化成铁水，再将铁水冷却凝固成铁。这一过程需要极大的热能，因此人们燃烧煤来供热。虽然世界上很多地方都有铁矿石，但却没有足够的煤矿，或者拥有足够的煤矿又没有铁矿石，不过宾夕法尼亚西部的匹兹堡却是个煤矿和铁矿石同样丰富的地区，那里的人常从铁矿石中提炼铁，再将铁制成钢，用来铺设铁轨或架接大桥。

历险手稿——兄弟城 

提起宾夕法尼亚州，就不得不说另一个重要的城市，也是宾州最大的城市，美国第三大城市，它的名字源自《圣经》，这就是华盛顿诞生前的美国首都——费城，意为“兄弟之爱的城市”。

费城有一座古老的建筑叫“独立厅”，厅内有一口大钟，过去每逢美国具有历史意义的时刻，这口大钟就会响起，不过今天这口钟早已不再出声，但它对于美国的意义却不可替代。

在离费城不远的大西洋城里有全世界最大的“浴缸”，它实际上是一片美丽的海滩，吸引着世界各地的人来此享受盐浴和日光浴。这里的海边有一条宽阔的木质人行道，两旁也集合了众多娱乐休闲设施。

43 独特的帝国之州

如果你爱听历史故事，那么你一定经常听到“帝国”这个词。当你听到人们说“帝国”时，就应该明白，一个“帝国”里通常包含若干个国家。因此，帝国往往人口众多，经济繁荣，资源丰富。在美国，有一个集合了众多人、公司和钱的州，人称“帝国之州”。这就是大名鼎鼎的纽约州。

纽约州最有名的城市自然是纽约。纽约位于纽约州南部，“纽约”的名字就来自英国一个被称为约克的地方。当年，英国移民来到美国，就将这里称为“新约克”。纽约一词则是“New York”的中文音译。如今的纽约肯定要比当年的新约克大得多，现在已经是全世界第二大城市。这里高楼林立，聚集大量财富。纽约从来不乏百万富翁，很多人抱着淘金梦来到纽约，希望自己跻身富豪之列，但梦想并不会轻易实现，所以纽约的穷人也不少。

纽约曼哈顿

纽约城里有一个著名的岛，被印第安人称为“曼

纽约的帝国大厦

哈顿”。据说最早的时候，白人只用价值 24 美元的物品就从印第安人手上买下了这个岛，但时至今日，曼哈顿的一小块土地都比当时全岛的价格要高得多。也许你会问：“为什么一小块土地就那么贵呢？”那是因为一块地所包含的并不仅仅是泥土本身，还囊括了这块地上的高空和地下的资源。现在的纽约人都拼命盖高楼，就是因为高耸入云的摩天大楼和一层楼房占地面积一样，但它所承载的价值却要比一层楼房大得多。

我一向认为纽约的楼房是世界上最神奇的，正如《格列佛游记》中的大人国一样，这里的房子如巨人般高大，无论风吹雨打、电闪雷鸣，它们总是坚定地立在那里。这些巍峨耸立的高楼印证了纽约“追求更高”的格言。

正如美国硬币上的“从一到多”那样，纽约的房屋的高额建筑费也是从点滴的硬币凑起的。就是这样不断积累的精神使得纽约有了 102 层的帝国大厦，它在相当长一段时间内都是世界上最高的建筑。

此外，纽约还有几栋世界级的“国会大厦”。一栋就是在“二战”后为避免世界大战再次爆发而建立的组织，联合国的基地——联合国大楼。

联合国总部大厦内景

联合国大楼从一开始，就把建造地点定在了纽约。别看这座大楼外表普通，但却是世界和平的象征，是国际稳定的保证。各国代表常常在这里进行和谈，讨论各种与国际形势和国际争端有关的事务。另一座具有世界级“国会大厦”意义的建筑，就是纽约港的一座巨大铜像，它有一个响亮的名字“自由女神像”。

自由女神像

自由女神像手长约五米，每根手指长两米，手上高举着一个火炬，象征着“自由、前行”。每当有船经过这里，人们看到自由女神像，就好像看到了家，看到了希望，很多人都会大声地欢呼：“我们终于回家了！我们回到自由的国度了！”

曼哈顿岛西面是哈德逊河，东面是东河。东河上有一座布鲁克林桥。桥下面没有桥墩，桥身由无数根铁索拉着。于是，远远看去，整座布鲁克林桥悬吊在半空，因此又被称作“悬索桥”。布鲁克林桥是世界上第一座又大又长的悬索桥。

刚建成时，人们怀疑这样一座没有桥墩的桥究竟是否安全。毕竟这么长的桥只靠铁索吊着，一旦超重，铁索断开，桥极可能掉下去，而且，卡车和汽车从桥上通过时，桥身的确有些摇晃。可是，从一开始到现在，布鲁克林桥一直横跨在东河两岸，从来没有倒下。

纽约布鲁克林桥

曼哈顿岛附近有两条世界闻名的街道，分别是百老汇大街和第五大道。百老汇大街在最开始时，只是条短短的街道，但它很宽阔，所以人们叫它“大街”。后来，百老汇大街被不断加长，于是有人戏言：“我们现在是不是该叫它‘百老汇长街’了？”

百老汇大街

这条历史悠久的街道上有一段路每到夜晚就灯火通明，电灯和广告牌交相辉映，被人形象地称为“白色大道”。而离百老汇不远的第五大道则是“时尚大道”，涵盖了全世界的时尚品牌。

第五大道

虽然世人皆知纽约地

纽约中央公园

价昂贵异常，但是那里还是有两个很大的公园供人们休闲娱乐，这就是中央公园和布朗克斯公园。中央公园因占地面积大而为人熟知，布朗克斯公园则因各种珍奇罕见的动物而闻名遐迩。

历险手稿——尼亚加拉大瀑布 

纽约州西部的尼亚加拉大瀑布不是世界上最宽、最高的瀑布，却是公认的世界上最漂亮、最壮观的瀑布，每年都会有无数游人来这里感受其壮阔之美。

为了让游客充分领略瀑布的恢宏，美国和加拿大建造了一个码头和4艘游船，其中以游船“雾中少女”最为有名。

“雾中少女”这个名字不是随便取的。据说300年前，生活在此地的印第安人会在收获季节的某一天，将全部落的少女聚集到一处。这时，酋长站在中央，对空放箭，箭落谁家，就由谁作为部落代表，装上谷物水果，出船送给水神。少女顺水而下，坠入飞瀑中，在远处观望如同“雾中少女”一般。这就是“雾中少女”的由来。

44 这里就是新英格兰

我的小侄子对我说，他的帽子已经戴了三年，很旧很旧了。我一看，果然，那帽子已经开了线，图案也褪了色。用过几年的东西，已经不能被称为“新”了，但是，美国有一个有300年历史的地方，名字里仍带一个“新”字。

300年前，一批英国人越过大洋来到美国北部建立家园。他们把那块地方称作“新英格兰”。当地的印第安人发音不准，念不出“英国人”，只能发出“英格兰人”的音，所以，从那时起，新英格兰地区的人就一直被称作“新英格兰人”。

我们都知道，如果一个地方土地不肥沃，还有很多石头，并且又异常寒冷，那显然不适合农作物生长。新英格兰地区恰恰就是这样，那里石头多到人们可以把它们拣出来堆栅栏。虽然新英格兰地区土地不肥沃，但却有另一种特别的资源——瀑布。瀑布的水具有极大的力量，就像巨人的手臂一样，能推动工厂的轮子不停转动。利用丰富的瀑布资源，新英格兰的工厂加工生产了各种东西。渐渐地，这里成为美国的“制造工厂”。大到铁轨、大桥，小到别针、靴子，应有尽有。

新英格兰地区包括美国的6个州，其中最大最重要的城市无疑是波士顿。如果你到美国，会经常听到人们把波士顿称作“轮毂”。“轮毂”就是车轮的中心，车轮就是绕着轮毂转动的。人们把波士顿称作“轮毂”，是因为波士顿的繁华让他们觉得仿佛全世界都在围绕着波士顿转动一样。

波士顿的地标——邦克山纪念碑

我们都非常喜欢光着脚丫的感觉。光着脚丫走路在很多国家都是很平常的事情，可是在美国却看不到这样的景象。美国人都穿着鞋子走路，而他们的鞋子就来自新英格兰地区，当地生产的鞋子足以供应全美。鞋子穿久了会破，于是，新英格兰地区鞋厂里的机器不停地转动，长年生产大量鞋子。

新英格兰地区除了生产大量的鞋外，还生产数量庞大的别针。新英格兰康涅狄格州生产的别针足以让所有美国人用上 100 年！也许你会好奇为什么要这么多别针呢？虽然别针不易坏，但它比一般的用品小，所以很容易丢失。你能想象美国每年有多少别针丢失吗？几十亿。在新英格兰，线团也是“主打”产品之一。有一家工厂一天生产的线团就可以达到 25000 英里——能够绕地球一周呢！

耶鲁大学

要说美国的度假胜地，也同样绕不开新英格兰地区。这里美丽的湖泊和瀑布吸引着成千上万的游人。人们可以在这里露营、打猎，也可以在傍晚垂钓，体会大自然的魅力。

在新英格兰的新罕布什尔州有一条山脉叫白山山脉。它的独特之处在于，其中一座山是根据美国第一任总统的名字来命名的，那就是“华盛顿山”。华盛顿山是全美最高的山峰，许多人都会到华盛顿山登顶。除了白山山脉，还有佛蒙特州的美丽绿山山脉，这个名字的意思是“绿色山脉”。虽然绿山山脉不高，但同样风景秀丽，吸引了众多游客。新英格兰地区还是人们心中绝佳的避暑胜地。在炎热的夏季，美国的其他地方都被太阳烤得像个大火炉，但是这里却很凉爽。

虽然新英格兰有很多好地方，但最让当地人骄傲的还是学校，可谓誉满全球。那里有全美乃至全世界最顶尖的两所大学，即位于康涅狄格州的耶鲁大学和位于马萨诸塞州的哈佛大学。

马萨诸塞州沿海有一块有趣的地区，形状就像一根弯曲的长手指，一直伸向海洋，似乎是在邀请人们来这里做客一样。这片区域就是“科德角”，盛产鳕鱼。当地的渔民把捕捞上来的鳕鱼晒成干，卖往世界各地的市场。

哈佛大学

历险手稿——“美国雅典”

波士顿是美国最古老的城市，美国的国球和篮球就发源于这里，世界第一条电话线、第一条电灯街道也诞生于波士顿，可见其深厚的文化底蕴。

波士顿也因其在文化、艺术、时尚等领域的特殊地位，一直被奉为“美国雅典”。美国最高等学府哈佛大学和麻省理工学院就坐落于波士顿，2002年，福布斯杂志将波士顿公立学校系统列为美国最好的大城市学校系统。

45 连成一体的“五大湖”

在美国地图上，我们可以看到美国北部有五个大水坑。说是水坑，是因为它们看起来就像是水从伞上滴下来，最后聚成水坑一样。当然，想要聚成这五个水坑，那伞非得特别大不可。这五个巨大的水坑被称作“五大湖”。伊利湖和安大略湖是其中两个最小的湖，剩下的三个湖分别名为密歇根湖、休伦湖和苏必利尔湖。这三个湖中，密歇根湖和休伦湖的名字是印第安语。“密歇根”在印第安语中是“大湖”的意思，可五大湖中最大的并不是它，而是苏必利尔湖。事实上，这五大湖中，完全属于美国的只有密歇根湖，其他四个湖由美国和邻国加拿大共有。

苏必利尔湖

五大湖中最大的苏必利尔湖还有一个“最”，就是地势最高。高地势使得湖水通过圣玛丽河倾泻而下，形成巨大的瀑布，最终汇入休伦湖中。我们常说的“圣玛丽急流瀑布”就是它。人们利用苏必利尔湖的地势开凿了运河。运河借助水闸的力量帮助船只自如地上下。为满足大量船只通行的需要，原本只有一条的运河，渐渐发展成了五条。

运河开通以后，大量船只来往航行。当你在船上向远处眺望，一望无际的水面只看得见汹涌的波涛，你会觉得正在海洋上航行。不一样的是，你喝一口湖水，会发现它不像海水那么咸，因为毕竟是淡水湖。

美丽的五大湖也吸引着人们前往度假，享受阳光、沙滩或是海浪，但大多数来往的船只可不是来享受的，它们穿梭于湖泊中是为了运送货物。比起火车，船运有很多优势。它装的东西比火车多，运费也很便宜，因此住在海边或者湖边的人有着天然的优势。

幸运的是，美国的50个州中有8个州都在五大湖边，不过其中几个州只有一小块地方连着湖区。与五大湖的联系最紧密的是密歇根州，密歇根州离其中的四个湖都很近，只有与安大略湖离得稍远一些。

苏圣玛丽运河

芝加哥

湖上的船只大部分都从苏必利尔湖一端的杜鲁斯起航。人们用火车将小麦和铁矿运到这里，然后，湖边的大机器的“手臂”会将整车的小麦和铁矿都放到船上。这就像我们小时候的玩具，用两根小指头夹住火车上的玩具汽车，把它拿下来。

在密歇根州紧邻苏必利尔湖的地区，人们通过苏圣玛丽运河把货物运送到底特律。底特律位于休伦湖与伊利湖之间。或者，人们会把铜矿石和铁矿石运送到水牛城。船卸下货物后，有时会装上当地的新货物返回杜鲁斯。

别看平时湖上船只来往频繁，但到了冬天，湖水一结冰，湖面就一片寂静。

密歇根湖附近有两个很“亲密”的州，这么说是因为它们看起来就像两个小孩紧密地依偎在窗口。这就是“伊印”——伊利诺伊州和印第安纳州。位于密歇根湖南部的是伊利诺伊州，那里有美国第二大城市——芝加哥。事实上，“芝加哥”也是印第安名。

芝加哥不仅有全世界最繁忙的铁路，还是享誉世界的“肉店”。世界上有很多种动物，但我们常吃的有三种：猪肉、牛肉和羊肉。聪明的芝加哥人饲养了大量猪、牛和羊。要想动物长得圆圆肥肥的，就得给它们好的饲料，而动物吃玉米最能长膘。因此，芝加哥会从其他州购买玉米喂养牲畜。美国有很多州都种植玉米，但都没有艾奥瓦州种得多，因此艾奥瓦州又有了一个名字——玉米州。

芝加哥人在加工好肉制品后，会把它们冻在冰库中，用船运到各个地方，甚至出口欧洲，因此芝加哥称得上全世界的“肉店”，像我早晨吃的烤肉、中午吃的三明治火腿、晚上吃的烤牛肉，没有一样不是来自芝加哥的。

历险手稿——摩天大楼的故乡 

说起摩天大楼，人们总是想起纽约，可其实美国最宏伟的大厦并不在纽约，而在芝加哥。

1885 年，一位名叫詹尼的建筑师建造了第一座高层建筑，这在当时已经足以震撼世界。不久，芝加哥就以高楼林立的新面貌出现在世人面前。例如，阿莫科大厦 82 层，为世界上最高的大理石贴面楼；湖尖塔，70 层，是世界上最高的公寓楼；双子星大厦，高 60 层，是一栋长得很像玉米的建筑，它上面是公寓，下面是商店、餐厅、银行、影院等商业设施，住户可以足不出楼解决衣、食、住、行等问题，所以这一对并连的楼厦又叫马利纳城，城中之城的意思……当然，在这些摩天大楼中颇负盛名的就是美国的最高楼——西尔斯大厦，楼高 443 米，地上 110 层，地下 3 层。

如今，在芝加哥 40 层以上的大厦有 50 座左右。整个芝加哥城，就好像一场永不落幕的建筑艺术博览会，展出了很多建筑大师的作品，不愧为摩天大楼的故乡。

46 美国最大的河流

密西西比河

美国不但有“百川之母”，还有“百川之父”。那就是美国最大的河——密西西比河。注意，这条河的名字里有两个“西”。

如果让你画一棵没有叶子的树，你会怎么画呢？也许你会先画一根树干，再画一些大的树枝，在大的树枝上再延伸出一些细小的树枝，最后再添上一些更小的树枝。如果让你画一条河流，你又怎么画呢？或许你会画许多蓝色的波浪线。其实树枝和河流有些类似，它们都有一根主干，主干上有很多分支。但是，我们无法在地图上把一条河的所有分支都看全。

当然，河流和树木的区别也很显著：

树是从下往上长，而河流则是容纳支流到主流中。

树木的水是从根部运送到顶端，而河流中的水是从上游流向下游。如果一条河没有很多支流的话，那它的宽度就会始终保持一致，有支流的河流才会越来越宽。

密西西比河成为美国最大的河流，就是因为途中不断有河流汇入。密西西比河始于美国最北端的一个小湖，也就是明尼苏达州的伊塔斯加湖。密西西比河离开那里后，一路上吸纳众多的支流，在经过一段艰难的旅程后，最后流入墨西哥湾。

在墨西哥湾的入海口，有很多巨大的磨坊。在密西西比河的源头以及流经的区域正是全世界小麦产量最多，而且质量最好的地方。人们在这里建造磨坊是为了碾磨小麦，将小麦碾成面粉，加工成我们爱吃的面包。

在密西西比河汇入墨西哥湾的途中，流经许多城市，其中最大的就是圣路易斯。在它附近有密西西比河最大的两条支流： 由西汇入的密苏里河和由东汇入的俄亥俄河。

密苏里河又宽又长，所以人们有时会感到迷惑，到底密西西比河和密苏里河谁是支流，谁是主流。如果把这两条河加起来，那就不仅是美国最大的河流，还是世界上最长的河流。

沿途不断汇入支流后，密西西比河越来越宽，水量也逐渐增大。每当春季来临，大量的水流随着各种支流一并汇入密西西比河。当然，水量过大过急便会发生洪水。于是，人们在易发生洪水的地方建起堤坝，这就是防洪堤。可是，有时水量要是实在太猛，堤坝仍会被冲毁。

密西西比河最后流经的大城市是新奥尔良。我一直都不明白为什么要把河流入海的地方叫作“河口”，因为我们在喝水时，水顺着嘴进入身体，河流却刚好相反，它是顺着河口流出。

密西西比河的源头十分寒冷。那里位于美国北部，所以冬天异常寒冷。不过越往南就越暖和，新奥尔良就是一个温暖的地方。在那里，鲜花在圣诞节还盛开。

在密西西比河的发源地附近，你看到的几乎都是白人，而当河流进入南部地区时，你会发现岸边黑人越来越多。他们在做什么呢？他们在种植棉花。正如那首歌一样，“迪克西兰，就在白棉花盛开的土地上”。这一带也有一个“最”，那就是全世界棉花产量最多。

说起种棉花，还有一个小故事。美国起初并没有棉花，后来英国一家棉布厂把棉花带到马里兰州，谁知这之后这里就变成了最大的棉花产区。

棉花是一种低矮的灌木，花朵被包在一个个白色的棉球中，在棉球里我们还会看到许多小种子。采摘后的棉花只有和种子分开，才能用来纺线。棉线的用处就多了，棉布、棉衣、棉质毛巾还有棉靴，每一样都离不开它。

以前，人们要花很长时间才能把种子和棉花分开，所以棉质的东西很贵。直到一名男教师发明了一种能很快从棉花中分离出种子的机器，棉质的东西才不那么贵，这就是轧棉机。

我们现在也许想象不到没有棉花的日子会是什么样的，当初只是供人观赏的花朵，今天却成了人类离不开的好朋友，所以常有人称棉花为“棉花大王”。

历险手稿——美国“双子座”

密西西比河河边有两个面积几乎一样的城市，它们由一座大桥相连。这两座城市被称作“双子城”。一个是明尼阿波利斯，意为“水城”；另一个是圣保罗。

两个“姐妹”虽然离得很近，但却有着截然不同的“气质”。明尼阿波利斯是座思想前卫的年轻城市，咖啡馆、民族餐馆、摇滚俱乐部和许多被称为小苹果的剧院遍地都是。相比之下，圣保罗就显得有些庄重，没有都市的嘈杂，只有遍地的教堂抚慰都市中浮躁的人们。

47 人人都爱佛罗里达州

有一些鸟类在冬天会飞到温暖的南方过冬。在美国北部，一些人也会为了躲避寒冷去南方过冬，他们最喜欢去的地方便是“鲜花之都”。那里是美国最南部的州——佛罗里达州。在去往佛罗里达的途中，你会看到很多来自其他州的车子，这在当地人看来可不是什么稀奇的事。要知道，佛罗里达州可是名副其实的避寒胜地。

佛罗里达州有一个久负盛名的传说：很久很久以前，人们在这里发现了“青春之泉”，可以让满脸皱纹的老太太变成青春美丽的姑娘，也可以让白发苍苍的老爷爷变成身体健壮的青年。这个传说吸引了许多白人来到这里，正因如此，佛罗里达才有了白人。不过，无论是当地人，还是其他来到佛罗里达州的人，都没有发现传说中的“青春之泉”。但这并不影响人们对这里的喜爱，一些老人常说，在佛罗里达州过冬后就感觉自己变年轻了。

佛罗里达州仿佛聚集了美国最灿烂的阳光，吸引了许多人来这里旅游。游客到这里以后，当地人就要提供各种服务满足他们的需求，有人经营酒店，有人种植新鲜蔬菜……

美国北部一到冬天就无法种植蔬菜，所以那里的人在冬天只能吃一些蔬菜罐头和冷冻蔬菜。蔬菜也有季节性，这就像全球顶尖的篮球赛事 NBA

有固定的赛季一样，在北部如果没有大棚，就只有在夏季才能吃到西瓜。

佛罗里达的果园

佛罗里达州四季如春的气候，使得当地人可以一年四季种植各种各样的蔬菜和水果。当地人会将这些新鲜的水果蔬菜运到北部，让北部的人不仅能在圣诞节吃上美味的草莓，而且全年也有新鲜蔬菜吃。

在佛罗里达州盛产的各种水果中，最著名的要数葡萄柚和橙子。这两种水果一遇到霜冻就无法生长，而佛罗里达州宜人的气候为它们的生长提供了极佳的条件。

佛罗里达的葡萄柚

葡萄柚的果实像葡萄一样簇拥着生长，看起来就像一串串金黄的葡萄，所以被称为“葡萄柚”。佛罗里达州产出的葡萄柚不但味美，而且在全球范围内产量也是最多的。

佛罗里达州的诱人之处不仅在于宜人的气候、香甜的瓜果，当地著名的景点——溶洞，也是吸引游人的一大法宝。可以毫不夸张地说，美国最著名的景点之一就是位于弗吉尼亚州和肯塔基州的溶洞。

这些溶洞通常都非常大，所以人们称之为“猛犸洞”。看过《冰河世纪》吗？里面其中一个主角就是猛犸，我们通常称它为“长毛象”。猛犸

猛犸洞

的体形十分巨大，所以它也被拿来形容庞大的东西。

猛犸洞就像是一个巨大的地窖，可以容纳一个城市，包括城里所有的建筑。巨大的猛犸洞很容易让人迷失方向，很久之前就有人迷失于此，再也没有出来。

开凿猛犸洞的“工人”非常小，那就是滴水。水可以溶解白糖、盐，但你或许无论如何也想不到，水还能溶解石头。当然，能被水溶解的石头十分特殊，它就是我们在前面说过的石灰岩。猛犸洞里的岩石全是石灰岩。

水从洞顶一滴一滴落下，溶解下来的石灰岩存在于每一滴水中，久而久之，石灰岩就形成了向下的石柱——钟乳石。水沿着钟乳石往下滴，慢慢地，地面也就有了石柱，石柱越积越高，而钟乳石往下垂得越来越长。渐渐地，钟乳石和石柱就碰在了一起。

洞顶滴下的水除了形成钟乳石外，还会在底部形成水池，池里生长着一种与众不同的鱼，鱼没有眼睛。那是因为洞里没有光线，十分昏暗，即使鱼长了眼睛也看不见东西。日复一日，年复一年，鱼的眼睛就慢慢退化，鱼也变成了不长眼睛的鱼。不过，早已习惯洞内环境的鱼依然可以凭借以前长眼睛的部位感知周围的一切。

历险手稿——佛罗里达州的外貌

佛罗里达州的形状很特别，像一只小狗的爪子。这个“爪子”是由海洋里的贝壳和鱼类骨头的遗迹堆积而成的。

这种含有贝壳和骨头的鱼类的石头就是我们常说的石灰岩。我们熟悉的大理石就是石灰岩的一种。这些石头被称为石灰岩，是因为它们可以像石灰一样燃烧。

在地球运动的漫长岁月中，有的地方下陷，有的上升。美国就是由这些上升的地区组成的。只不过，上升的地方在很多年以前也在海底。也许你会问，你是怎么知道的？这得益于石灰岩的发现。在美国很多地方，包括山顶，都发现了含有海洋动物骨头或者贝壳的岩石。

48 淘金的大篷车之旅

前往美国西部的大篷车

在很长一段时间内，美国人只在密西西比河东岸活动，很少有人去野兽遍山和山脉连绵的河对岸。后来，有一群人跨过密西西比河，到了河西岸。这些人当中，有的是捕杀野兽的猎人，有的是传教的牧师，还有一些人好奇胆大，他们是探险者。究竟是什么吸引他们到那里去的呢？

有一天，一个人告诉另一个人，不知是谁在美国最西部的加利福尼亚州发现了金子。加利福尼亚州濒临太平洋，据说在那里，随便从河里捞一盆沙子，就可以从中拣出金子。

天哪，西部有这么多的金子而且很容易就被找到。于是人们纷纷放下手中的活儿，关上店铺，把被褥和干粮往马车上一放，带上枪就向遥远的西部开进。美国历史上最著名的淘金浪潮就这样开始了。

去西部的路途遥远艰辛，为了遮风挡雨，人们在马车上支起一个篷子，“大篷车”就由此得名。

早年的美国西部人烟稀少，一片荒芜，就连道路都没有，淘金的人也只是凭感觉走。于是一路颠簸中，有些人生病倒下再也没有起来；有些人被印第安人杀死；还有些人迷失了方向，最终在荒野中因饥渴而死。

最终，一批人历尽千辛万苦来到位于美国最西部的加利福尼亚州。在那里，他们通过淘金发家致富。那一年是1849年，后来人们就把当年淘金的人称作“四九淘金者”。

美国第一条通往太平洋的铁路从芝加哥出发，沿中央路线，最后抵达旧金山。现在要从芝加哥到太平洋沿岸，有很多选择，无论向南、向北都能到达。要是坐飞机的话，更是一天之内就可到达，这与当年“四九淘金者”历经数月艰辛才能到达西部比起来不知方便了多少。

从“四九淘金者”到达加利福尼亚开始，开垦西部的号角就吹响了。人们开始修建公路和铁路，城市和村庄慢慢出现，印第安人对待这些外来者的态度也渐渐温和起来。有时，印第安人的土地会被一些美国白人占用。后来，为了补偿这些印第安人，占用印第安人土地的白人会送另外一些土地给印第安人。这些送给印第安人的土地被称为“预留地”。这和我们平时在戏院里看到的“预留座位”是一

19世纪美国西部的淘金者

得克萨斯州的油田

个意思。

交通的发展促成了西部的开发，以前人们常说："年轻人，要是想发财，就去西部吧！"当年确实有很多人前往西部，但他们的目的可不是淘金，而是为了田地。

当时美国有这样一项政策：愿意在西部种植玉米的人，就可以免费获得那里的土地。于是人们纷纷拥向密西西比河西岸的俄克拉荷马州、得克萨斯州和其他一些地方。可是，这些人并没有如愿获得田地，因为他们在开始种植农田后，田里不断有石油冒出，石油严重影响水质和庄稼生长，于是他们放弃土地，搬到了别的地方。

除了石油之外，你还知道哪些其他的油吗？总的说来，一共有三种油——植物油、动物油和矿物油。有一个很有趣的游戏，叫"动物、植物和矿物"游戏，游戏里有一个负责发号施令的"老人"，只要他一喊"植物"，你就必须在他数到10之前说出任何一种植物，如"土豆""番茄""黄瓜"等。假如他数到10你还说不出来，就要受罚啦！同样的，一喊"动物"或"矿物"你也得做出同样的反应。这里所讲的"矿物"指的自然就是除植物和动物之外的东西。为了避免受罚，就教你一个聪明的小把戏哦，无论听到"植物""动物"还是"矿物"，就说"油"，这样肯定不会出错。

正如我们所知，有一些植物油和动物油都是很好的食品，如橄榄油和鱼肝油，但矿物油可不能随便吃。矿物油的作用主要是通过燃烧来发光发热。有了从矿物油中提取出的汽油，汽车才能开动。现在矿物油更是极大地发挥着它的价值，很多药物、燃料和香水都少不了它。

正是因为看到矿物油的巨大价值，之前那些放弃农田的人们突然意识到，矿物油的价值比起种庄稼、养动物来大多了。于是人们开始挖油井，开采矿物油。这就是石油，即“石头中的油”。有些地方不用开挖油井就会自己喷出油来，这种被叫作“自喷井”。

还记得盛产玉米的艾奥瓦州吗？如果你沿着中部的铁路线出发，横穿这个“玉米州”，再穿过内布拉斯加州，就会发现地势越来越高，最后到达的就是科罗拉多州。这是一个以西班牙语命名的州，意为“红色”。科罗拉多州位于美国最高峰落基山脉的山脚，丹佛是它的州府，有意思的是从丹佛到芝加哥和到太平洋的距离几乎一样。

位于落基山脉脚下的丹佛

历险手稿——齿轮火车 

在丹佛攀登落基山可是个不错的选择，只要你有足够强的心肺功能，并且热衷爬山。派克是历史上第一个尝试登顶的人，尽管他中途放弃了，但人们还是把他登过的那个山峰命名为“派克峰”，以此来纪念他。

为了方便游人登山，山上开通了公路和铁路，这样游人也可以坐车登上派克峰了。你一定好奇，山那么陡峭，火车难道不会掉下来吗？当然啦，如果使用一般的铁轨，火车一定会像雪橇那样滑下去。开发者就是为避免此种情况发生，在山上的两条铁轨中间铺设了一条特别的齿轨，火车的车轮同时也带有齿轮，行驶的时候就是齿轮卡着齿轨走，这样火车就不会掉下去了。

49 科罗拉多大峡谷

说起仙境，也许你会想到《爱丽丝梦游仙境》。其实，在美国西部还真有一个“仙境”，那里的一条河谷绝对可以算得上一个奇迹，这条河谷被美国的西班牙裔居民叫作峡谷，也就是我们通常说的科罗拉多大峡谷。虽然名字如此，但它并不在科罗拉多州，而在亚利桑那州。

科罗拉多大峡谷

科罗拉多大峡谷最深的地方甚至可以达到1英里。1英里下，有科罗拉多河。你从顶上看下去，它仿佛变成一条细线。科罗拉多大峡谷的形成是科罗拉多河长年累月冲刷的结果。

记得我在那里旅行的时候，曾好奇地问导游大峡谷两边相距多远。

“很远呢。”这是导游给我的回答。

站在峡谷的一边，向另一边望去，会看到高耸的岩壁。这些岩壁可不同于一般的灰色墙壁，而是由五颜六色的岩石一层层堆积起来。它们在阳光的照耀下美丽极了。为什么这些岩壁会有这样多的颜色？是谁画上去的吗？当然不是。这里的岩壁有颜色，是因为这些石头都是石灰岩或砂岩，岩石中含有铜、铁等矿物质。如果含有铁，岩石就会在水的作用下变成铁锈的颜色；如果含有铜，就会变成绿色。所以，我们会看到黄色、红色、绿色、橙色和紫色这些各异的颜色。

如此美丽的景色，怎么才能带走它呢？那里有一种纪念铅笔，铅笔的顶端有一个小孔，小到像是针眼，用一只眼睛往里看，会看到整个科罗拉多大峡谷的画面。神奇吧！透过这个小孔就能看到壮观的大峡谷景象。要将科罗拉多大峡谷的美景带走，买一支这样的铅笔可是不错的选择！

若你去科罗拉多河支流经过的一些小峡谷，也许会看到峡谷上的房屋，不要吃惊。很久以前，确实有人住在岩洞里，这岩洞中的房屋可是“悬崖居民”的防御堡垒。

顺着科罗拉多大峡谷向北走，就是犹他州。当地有一个大湖，但不同于“五大湖”。五大湖的水是淡水，这个湖的水是咸水。“大盐湖”说的就是它。事实上，这应该算是一片小小的海，因为它只有流入的河，没有流出的河，与海洋一样。

也许你会问，这个湖为什么是咸的呢？这和海水是咸的原因相

大盐湖

同。海水又为什么是咸的呢？是因为河流在汇入海洋时携带了地面的盐分。若你不小心摔倒，嘴里吃进了泥土，也许会感觉到淡淡的咸味。虽说河水流过地面时，带走了一些盐分，但每条河带走的盐分是很少的，以至于咸味在河水中是尝不出来的。但日积月累，积少成多，海洋汇集了众多河流的盐分，而盐分又不像海水那样可以蒸发掉，所以海水越来越咸也就不难解释了。

大盐湖的盐分含量很高，甚至比海水还咸。之前我们说过，水可以浮起很多东西，而具有高盐分的咸水就具备了更大的浮力。在大盐湖里你可以站着，可以坐着，还可以让大盐湖做沙发，更夸张的是你也可以舒服地躺在水里。即使你不会游泳，也完全不用担心溺水。当然啦，在大盐湖里享受的前提是不能让咸水进到嘴里，身上也不能有伤口，碰到咸水的伤口会很疼。如果哪天海洋里的水和大盐湖的水一样咸，发生沉船事故时人们就可以像软木塞一样浮在海面上，或许就可以幸免于难了。

顺着大峡谷再向北，就是怀俄明州，当地有块地方在地图上看，简直就是“州中之州”，那就是黄石公园。

可以说，怀俄明州是块宝地，这里的东西形态奇异，有趣可爱。美国政府觉得人们一定会喜欢这些东西，于是便在这里建造了黄石公园。经过几年的发展，当地的酒店、交通都已经很完善了。

在黄石公园，我们可以看到多种野生动物，而在这里是禁止捕猎的。禁止捕猎的政策在保护动物的同时也使动物不会总是担惊受怕，所以这里的动物很温驯。游客可以上前与这些温驯的动物亲密留影。

黄石公园的独特之处在于它的泉水。当地非常炎热，就连地面以下也不凉快。若在其他地方喝泉水一定冰凉可口，而这里的泉水搞不好会烫伤喉咙。因为黄石公园底下有许多高温熔岩，正是它们加热了地下水。这些高温熔岩甚至把地下水加热至沸腾，所以你在公园里能发现热的泉水。如果你把一条鱼放进滚烫的泉水中，鱼很有可能被煮熟。

历险手稿——间歇泉 

在黄石公园，有一种叫“间歇泉”的泉水也很有趣。在地下蒸汽的作用下，它们每隔一段时间就喷出一次。间歇泉有的很壮观，有的很漂亮。“老实泉”就是其中一个著名的间歇泉，每隔一小时左右喷射一次，就像是一个巨大的水龙头往空中喷射漂亮的水花。而且每次喷射的间隔时间都是一样的，不早也不迟。所以人们才把“老实泉”这个称号送给它。

50 “世界之最”聚集地

如果有一个地方，在那里你能找到最美味的橘子、最大的李子、最甜的葡萄、最高的树木、最巍峨的山峰，还有最怡人的气候，你会不会认为那就是全世界最幸福的地方呢？还记得我们前边提到过的加利福尼亚州吗？这所有的“之最”都在那里。

你能想象吗？加利福尼亚州的树高到直冲云霄。这些树不但高，而且粗，粗到人们可以在粗壮的树干上开凿隧道，汽车还可以从隧道中通过。这些树的年纪都很大，在耶稣诞生以前就开始生长。也许你会好奇，这些是什么树？其实就是我们所说的大红杉。这些老树可谓地球变迁的亲历者，如果其能像童话故事里一样开口，那它们或许愿意把自己见过的许多神奇故事讲给我们听。

除了我们在前面说过的“最”，加利福尼亚州还有哪些“最”呢？

加利福尼亚州绝对是美国最长的州。如果从加利福尼亚的一端走到另一端，也就相当于走了从佛罗里达州到纽约的距离。

美国本土地区最高的山峰惠特尼山位于加利福尼亚州，但是海拔最低的地区也位于加利福尼亚州。加利福尼亚州有一个山谷，如果把它和大海并排放在一起，就会发现它要比大海低两百多英尺。这个山谷的谷底炎热干燥，除了有喜欢生活在炎热环境中的有角蟾蜍和有角蜥蜴外，没有任何

死亡谷

其他的动、植物。有人说，有角蟾蜍和有角蜥蜴还能在火里生长。恐怕这只是传说。

这个山谷有一个可怕的外号，名为“死亡谷”。几乎没有人能从这里走出来。曾经有人去谷中找金子，但他们都迷了路而没能走出来。有些勇敢的探险者想穿越山谷，但他们往往在出来之前就因为高温缺水而死了。

加利福尼亚有可怕的死亡谷，也有美国最美丽的山谷。就连名字也让人心醉——“优山美地”。优山美地中有很多漂亮的瀑布，其中一道瀑布因为在水落地前全部蒸发为了水雾，看上去像极了新娘的面纱，于是，人们给它一个美丽的名字——“新娘面纱瀑布”。这里的瀑布不但漂亮，而且都很高，其中有两处高达 0.25 英里，可谓美国最高的瀑布，所以，这两道瀑布又给加利福尼增加了两个“之最”。

新娘面纱瀑布

除了这些“最”之外，加利福尼亚州还有最甜的橘子、最酸的柠檬和最大的葡萄。但是，这几种水果原来并不在加利福尼亚州生长，把它们带到美国的是西班牙

好莱坞

人。要知道，西班牙盛产橘子和柠檬，当第一批西班牙人到美国定居时，他们就把橘子和柠檬的植株带到了美国。从此，这两种水果就在加利福尼亚州和佛罗里达州生了根。

西班牙人不仅带来可口的水果，还在这里建造了许多西班牙风格的建筑。他们用西班牙名字给城市命名，如洛杉矶的西班牙语意思就是“天使之城”。此外，还用圣人的名字给城市命名，如圣弗朗西斯科（旧金山）和圣芭芭拉。

“天使之城”洛杉矶是太平洋沿岸最大的城市，全球最著名的影视基地好莱坞就在它附近。它的北面是旧金山，面积与洛杉矶相当。

旧金山拥有世界上最好的港口。该港口位于长达 50 英里的海湾边，来往的船只通过金门在这里靠岸。水路如此发达，陆路怎么样呢？在旧金山驾车可是一件困难的事，因为整个城市都建在陡峭的山上，不过，建在山坡上的房屋都是最佳的观景点。在那里，海湾、金门和辽阔的大海都可以尽收眼底。

旧金山金门大桥

大家可不要只是遐想美景和香甜的水

果。让我们开动脑筋，猜个谜语：什么东西没有脚，却可以跳得和华盛顿纪念碑一样高呢？

在俄勒冈州和华盛顿州之间有一条以哥伦布名字命名的河——哥伦比亚河。在河里你会看到一种大鱼——鲑鱼。鲑鱼妈妈产卵之前生活在海洋的咸水里，为了找一个安静的地方产卵，它们就越过瀑布，来到哥伦比亚河的淡水中。瀑布那么高，鲑鱼妈妈是怎么越过的呢？其实是跳上去的。你一定疑惑：鲑鱼又没有脚，怎么能跳上去呢？原来，鲑鱼跳跃瀑布的时候会把尾巴卷起来，以增加弹性，这样就可以跳得和华盛顿纪念碑一样高。

历险手稿——梦幻工厂好莱坞

在洛杉矶市有一个诞生许多闻名世界的影视作品的地方，你在那里还可以看到许多天王巨星。没错，这就是无数电影人的梦之乡——好莱坞。不得不说，好莱坞拥有天然的优势，当地不但天气好，而且光线足，特别方便拍摄影视取景。

在好莱坞大道上最著名的地方就要数中国戏院了。它的门前有一条水泥路，可不要小看它，上面留下了很多国际巨星的手印、鞋印和签名。另外，在大道上建有一座蜡像馆，陈列着世界各国明星的塑像，夺人眼球。

51 天高地阔的加拿大

加拿大是一个地广人稀的国家。它虽拥有广袤的疆土，但全国的人口还不足纽约州人口数的两倍。加拿大北部冬季非常寒冷，所以大多数人都选择南部地区居住。加拿大南部靠近美国，在这里生活的人们也就养成了类似美国人的生活习惯，而且，就连这里种植的作物都跟美国北部很相似。同美国一样，加拿大也是世界上主要的小麦生产国。

加拿大的枫树

加拿大的云杉林

在加拿大，你还可以看见橡树和枫树。它们没有常青树坚强，一到秋天，叶子就会变黄落下来。然而，在加拿大最北端，你只能看见耐寒的松树、云杉等树木。这些树木不但能抵挡严寒，而且在冬天也不会掉叶，一年四季都是绿油油的。因此，这些树被称作“常青树”。

通常，人们都会用木材来制作家具，但并不是所有树木被砍伐后都会被做成家具。人们会根据木材质地的不同，做成书籍或报纸。常青树的木材质地柔软，是很好的造纸材料。

一个城市一天发行报纸的纸张就需要几英亩的树木。仅是供应一份报纸一天的纸张需求，就得有很多树木被砍伐。美国报纸所用的纸大都来自加拿大。加拿大当地人每天都在林场砍伐大量的树木。砍下来的木头被送进工厂先做成木浆，再做成纸，最后运到美国。这样，各种各样的报纸才能顺利发行。但是，这样做也让森林急剧减少。

不是只有常青树才能忍受寒冷，因纽特人也可以。我们在前面说过因纽特人，他们生活在寒冷地区。在加拿大的北部地区同样生活着因纽特人。还记得他们的房屋什么样吗？因纽特人的房屋不用砖瓦建成，而是用冰雪建造。有时，因纽特人会在结冰的湖面上凿一个洞，然后从洞里钓鱼。

我之前养过一条体形庞大的纽芬兰犬，它有着厚厚的毛，一顿能吃很多东西。这种犬就来自加拿大大西洋沿岸的纽芬兰。最早到达纽芬兰的欧洲人是一个英国人，但现在纽芬兰是加拿大的一部分。

哈德逊湾

纽芬兰有绝佳的捕鱼场所，沿海有“大浅滩”。那里的水浅浅的，人们能捕捞很多鱼。水面时常穿梭着成千上万的小船，船上的人尽情捕鱼，直到船再也载不下为止。不幸的是，有时会有大型汽船不小心撞到小船。这时，小船往往连人带船沉入海底。大型汽船撞上小船的事情时有发生，这是因为大浅滩附近经常浓雾弥漫。每当此时，水手们就看不清海面的情况，也很难辨别方向。

加拿大有一个名为哈德逊湾的海湾，与墨西哥湾几乎一样大小。哈德逊湾与我们前面说过的哈德逊河有什么关系吗？它们都是根据发现者的名字来命名。聪明的你一定想到了，它们的发现者是同一个人。除此之外，哈德逊湾与哈德逊河没有其他任何联系。

哈德逊湾冬季非常寒冷。一到冬天，海面全都被冰封住，而当地也几乎没有其他人居住。不过，那里有少数人会捕猎野生动物。野生动物的皮毛是一件天然的大衣。在冬天，它会帮助野生动物抵御严寒，然而这些皮毛也成了野生动物遭受不幸的原因之一。

原来，捕杀野生动物的猎人就是冲着它们的皮毛去的。猎人抓到动物后，会把它们的皮剥下来，做成皮草，再以高价出售。这些猎人可不是一般的猎人，他们都来自经营皮草贸易的哈德逊湾公司。

历险手稿——加拿大国徽

如果你有机会看见加拿大国徽的话，会发现它非常复杂。

在加拿大国徽中间有一个盾，盾面下部为一枝三片枫叶。枫树正是加拿大的象征，是加拿大人民心中的国树；在盾面上部，有三头金色的狮子、一头直立的红狮、一把竖琴和三朵百合花。狮子、红狮、竖琴和百合花中蕴含着加拿大的历史，象征着历史上加拿大与英格兰、苏格兰、爱尔兰和法国之间的联系。在国徽下方还有绶带，上面用拉丁文写着“从海到海”。这点正说明了加拿大西濒太平洋、东临大西洋的地理位置。

52 战神的国度

有天我 9 岁的小侄子在我家玩。晚上吃晚饭时，我发现他正小心翼翼地啃着一片面包。

“你在干什么？”我问他。

小侄子连忙把面包铺到桌布上指给我看。我一看，原来他把面包咬成了美国地图的形状。小侄子指着面包，骄傲地说：“你看，这里是阿拉斯加州，那个角落是佛罗里达州，对面就是尤卡坦。”

本来小孩在吃饭的时候不能玩面包，但是我想趁这个机会考考他，于是问道：“你还没说加利福尼亚，你知道加利福尼亚湾在哪里吗？”

“你考不倒我的，加利福尼亚湾和下加利福尼亚都在墨西哥。”小侄子边说，边将左手拇指和另外四根手指弯曲，做成大写字母“G”的形状：“看，G 的形状就是墨西哥湾，拇指是尤卡坦，食指是佛罗里达州，两个手指中间的部分就是墨西哥了。”

我问他是哪个老师教了他这样好的方法来记地图，没想到他晃动着拇指得意地说：“这完全是我自己想的。”现在，你们也可以像我的小侄子那样来记地图。拇指的部分就是尤卡坦。实际上，尤卡坦在地图上看起来确实像个拇指。

尤卡坦是墨西哥的领土，那里生长着一种名叫剑麻的植物。剑麻叶子

位于墨西哥的尤卡坦半岛的剑麻之屋

形似长剑，里面有一种纤维，看上去很像灰色的头发，可以用来做麻绳。当地还有一种植物的汁水可以做口香糖。

墨西哥是美国南部的邻国，被称为“神的国度”，准确地说，应该叫“战神的国度”。这里的印第安人信奉的战神名叫“墨西卡利”，人们便用他的名字来给墨西哥命名。

马德雷山脉

虽然墨西哥曾经归大西洋对岸的西班牙统治过一段时间，但现在的墨西哥已经是一个独立的国家。不过，墨西哥人现在依旧说西班牙语，他们的很多生活习惯与西班牙人相同。墨西哥白人的祖先大都来自西班牙，不过，直到今天，墨西哥的白人数量还是比不上印第安人。由于种族融合，许多西班牙裔白人与印第安人结婚，他们孩子的长相通常看起来更像白人。现在，墨西哥国内这样的混血人种很多。

那些最早去墨西哥的西班牙人，原来是想到墨西哥开金矿。可到了墨西哥，他们发现当地的印第安人都戴着银项链、银手镯以及其他银饰，于是西班牙人就猜想墨西哥肯定有很多银子。就这样，西班牙人不再执着于金矿，他们开始开采银矿，直到现在。

墨西哥的银矿大都位于落基山脉，墨西哥人将它称作“马德雷山脉”。马德雷山上有一个碗状的山谷，那里坐落着墨西哥首都墨西哥城。我们都知道，通常越往北就越冷，越往南就越热。但是，墨西哥城虽然位于南部，却并不炎热，四季如春。

这是因为墨西哥城位于山顶。山顶的气温总是比山下的气温低，因此，虽然墨西哥城靠近南部地区，但这里一年四季气候温和。墨西哥湾附近则不同。因为这里地势较低，所以炎热潮湿。这样的气候不利于身体健康，所以那里很少有人居住。

墨西哥湾的地底下有着丰富的石油资源。在墨西哥湾附近的坦皮科，整年都有人在开采石油。人们充分利用这里离海近的优势，调用油船，将开采出的石油运送到美国和世界各地其他国家，通常一艘油船装运的石油比 1000 节火车车厢还要多。

墨西哥城

美国有一点与墨西哥相似。很久以前，美国居住着很多印第安人，也是到了

后来才有白人。不过，当时到美国去的白人大都是英国人。他们把英国人的生活习惯带到那里，所以现在的美国人延续了祖先的传统，生活习惯也与英国人相同。现在美国国内的印第安人很少，或许，人们只能在马戏团或美国硬币上才能看到印第安人的样子。

当你从美国进入墨西哥时，就能明显感觉到不同。因为墨西哥人与美国人是不同的人种，说的也是不同的语言。但是，如果你从美国进入加拿大，可能就感受不到大的变化。加拿大人和美国人一样都是白种人，说的也是同一种语言，因此，当你从美国进入加拿大时，可能根本意识不到自己到了另一个国家。

美国和加拿大边境有一块“和平石”，上面写着“两国同意永不交战”。但美国与墨西哥边境却没有这样的“和平石”。这两个国家历史上曾经发生过很多次战争，两国的版图也发生过几次变化。现在，我们看见地图上的得克萨斯州、新墨西哥州和亚利桑那州在美国范围内，但在以前，它们都是墨西哥的领土，后来经过战争，美国从墨西哥手中得到了这些地方。

美国的得克萨斯州和墨西哥之间有一条河，叫作“格兰德河”，意为“壮丽的河流”。墨西哥气候干燥，所以，格兰德河每年都会有一段时间几近干涸，变成一片平坦的土地。这时，人们就可以徒步从美国经过格兰德河到达墨西哥了。

历险手稿——奇怪名字的火山

墨西哥城附近有一座古老的火山，叫“波波卡特佩特火山”，名字很奇怪又难记。这个名字是印第安语。虽然这座火山的印第安名字很复杂，但它在印第安语中的意思却非常简单，就是“冒烟的山”的意思。波波卡特佩特火山是一座休眠火山，不会喷发，但火山口一直会喷出含硫的浓烟。长年累月，硫黄不断在火山口堆积。这些硫黄可以用于制造火柴、药物和其他东西，于是印第安人就经常登上波波卡特佩特火山，进入火山口收集硫黄。

虽然波波卡特佩特火山位于南部地区，但是那里地势高，所以火山顶上非常寒冷，一年四季白雪皑皑。

53 两个大洋的咽喉——巴拿马海峡

巴拿马运河全景

“北美洲”和“南美洲”两姐妹手拉手共同构成了美洲，而那个拉手的地方就是中美洲。中美洲有一块狭窄而细长的土地，那就是“巴拿马地峡”。

巴拿马地峡隔断了太平洋和大西洋。虽然从地图上看太平洋和大西洋“近在咫尺”，但对于两大洋上的船只来说，却是“远在天涯”。因为北美洲被冰雪覆盖，船只无法通行，只有绕过美洲的最南端，航行几千英里才能到达对方的大洋。交通如此不便，人们很希望能有一条捷径。于是，人们想到在巴拿马地峡上开凿运河。

从地图上看，巴拿马地峡很狭窄，似乎只要用剪刀剪一剪或用小刀刻一刻就行了。不过，在现实中，巴拿山地峡两端的距离却有 30 多英里，而且分布着许多山脉，这给开凿运河带来很大的困难。有些人甚至想利用地震的自然力量将巴拿马地峡震开一条运河，但地震似乎很不配合，带来的也只有灾难。

法国人开凿巴拿马运河

最后，开凿运河的工程被一家法国公司承包下来。可是没多长时间，法国的这家公司就因耗资太大、工程缓慢、人员的损伤等放弃了开凿运河。

这家法国公司的人员之所以有损伤，不仅是工程中发生的意外事故，更多的是那里的自然条件似乎只适合当地的印第安人和黑人居住。白人在那里则很容易生病发烧，最后死去。后来，美国从小国巴拿马永久性租用了一块长达 10 英里的土地，刚好位于巴拿马地峡，于是人们索性叫它“运河区”。

在开凿运河之前，美国人说：“想要适合白人居住，一定要先改变当地的环境，否则派再多的人过去都会病死。”于是，美国派了一名医术高明的医生前往运河区调查白人得病的原因，并相应改善当地的环境。经过反复调查，医生发现罪魁祸首竟然是小小的蚊子。

原来那里的蚊子分为两种，一种是城市蚊子，一种是乡村蚊子。乡村蚊子能传播疟疾等疾病，而城市蚊子能传播一种叫黄热病的疾病，得上这种病的病人会出现黄疸，伴随发热的症状。这也是为什么这种病会被称为

建设中的巴拿马运河船闸

"黄热病"。我们平时被蚊子咬了之后，只会起一个小包，发点痒罢了，但是被巴拿马城市蚊子咬过的人就会患上黄热病，而一旦得上这种病，几乎没有人能活下来。

医生找到人们得病的原因后，决心消灭蚊子。第一步，医生追踪这两种蚊子，了解它们的生活习性。然后，医生采取不同方法消灭它们——用波波卡特佩特火山的硫黄消灭城市蚊子，用产于墨西哥的石油消灭乡村蚊子。

蚊子被消灭之后，人们还清理了湿地等蚊子大量繁殖的地方，改变了蚊子滋生的自然环境，从而彻底改变了运河区的生活环境。

环境得到改善后，美国人才开始动工开凿运河。

美国人没有像法国人一样，只是一味地开凿陆地。美国人缩小了原本的工作量，在地峡的最高处开凿了一条较短的运河。工人将这条运河附近的天然河与天然湖中的水引入运河，以保证船只在运河中航行。

在这段运河的两端，人们装上了水闸，利用水闸将船只升起或降下。由于运河里的水是淡水，两大洋的海水都不会进入，所以船只能顺利在大西洋和太平洋之间穿行。有了这条运河以后，北美洲和南美洲分开了，但运河十分狭小，因此两块大陆看起来还是连在一起的。

历险手稿——巴拿马 

巴拿马运河沟通了大西洋与太平洋，因此人们把它称作“世界桥梁”。这座世界桥梁位于一个名叫巴拿马的国家。这个国家面积并不大，大约在7.6万平方公里。它处在中美洲，与哥伦比亚、哥斯达黎加是邻居。

巴拿马拥有众多山地。由于接近赤道，所以十分炎热，年均气温有时会达到27℃。除了山地外，巴拿马境内还有许多河流，如果你有耐心可以在巴拿马的地图上数一数，这里有多达400余条河流，其中，图伊拉河、切波河及查格雷斯河是巴拿马较大的几条河流。

54 海盗聚集的地方

当坐上火车离开一个地方时，你是否想过，其实你的“离开”也意味着“回到”这里。当我打算乘火车离开巴尔的摩时，我却说我要去巴尔的摩。这样的想法并不可笑，因为地球是个球体，无论你朝着哪个方向走，最后都会经过你出发的地方。

最早提出这一想法的是航海家哥伦布。与哥伦布生活在同一时代的人们认为，想到达印度群岛只能沿着海路向东行走，因为印度群岛在东方，但是，哥伦布却提出，向西出发也可以到达印度群岛。

为了印证自己的话，哥伦布乘船向西，最后抵达了他以为的印度群岛，并将其命名为“西印度群岛”。如果你手头有地图或者听过这个哥伦布发现新大陆的故事就会知道，“西印度群岛”和“印度群岛”是两码事，它离真正的印度群岛还十分遥远。

哥伦布发现的“西印度群岛”也是一个美丽富饶的地方。在那里的居民会在脸上涂满油彩，并且在头上插满羽毛，哥伦布将这些岛上的原住民称为“印第安人”。其他人则把印第安人叫作加勒比人，意思是“勇士”。加勒比海包围着这些岛屿，而加勒比海则是“勇士的海”。

在哥伦布之后，很多人沿着他走过的路线到达“西印度群岛”，但是

哥伦布登陆美洲

这些人并不像哥伦布那样，想到达“印度”，而是想到那里寻找真金白银。所以，他们到达哥伦布发现的新大陆后，便在那里进行掠夺。他们把从印第安人手中掠夺的金银装上船运回自己的国家。不过，他们没想到加勒比海上的海盗也惦记着他们船上的财宝。

凶残狡猾的海盗总是全副武装地躲起来，直到看见有满载金银财宝的船驶来才会行动。每次打劫时，海盗都会在腰间系上红色的腰带，扎着红色的头巾，耳朵上戴着大大的耳环，手上套着好几个不知用什么动物的骨头做成的手镯。他们的旗帜让人看了就毛骨悚然——以黑色为底色，用骷髅头做图案，骷髅头下面是用两块骨头组成的叉。这面旗帜仿佛在告诉人们：就算是魔鬼路过，也要吐出骨头来。

巴哈马拿骚的灯塔

海盗不仅抢劫财宝，还会把抓来的水手当作奴隶，供他们取乐。其中最具代表的要数“走木板”的游戏。海盗在甲板上架起一块一端伸向大海的木板，然后蒙住抓来的水手的眼睛，让他们在木板上走。很难有人在闭着眼睛的情况下保持平衡，所以这些水手通常都会掉进大海。他们掉下去以后，没有人来搭救，等待他们的只有死亡。

你或许会问，海盗把财宝抢来以后做什么呢？海盗除了将这些财宝用来花天酒地之外，还会将一部分用木箱牢牢封好，埋在荒无人烟的岛屿上。然后，他们会留下一张藏宝图，用“X”在地图上标记好财富埋藏的地点，等待需要的时候再去取。也有些有名的海盗，将这些标有宝藏的图视作留给后人的财产，等待有缘人拿到地图后，去寻找财宝。

如今的加勒比海再不是从前那片血雨腥风的海域，往来的货船再也不用担心受到海盗的骚扰。这里出入的货轮运送的大多是当地的特产，如海绵、甘蔗、香蕉、百合等。我想海盗是不会对这些特产感兴趣的。

加勒比海不仅有海盗，还有美丽的风景。除了鲜花遍地的百慕大，还有各种各样美丽迷人的岛屿。

在百慕大岛南边，乘船走两天会到达一个名叫“拿骚”的地方，也就是巴哈马的首都。这里最有名的是产自海底的海绵。每年都由当地人在海底采摘海绵，然后包装好运到美国销售，供美国人使用。

别看海绵长得像一块布，实际上是海底的一种活的生物。我们用的海绵已经经过加工。最开始时，它并不长这样，而是被包裹在一层果冻状的东西里面。

历险手稿——神圣的救世主岛 

巴哈马还有许多闻名世界的小岛，其中不得不提的是一个名叫“神圣的救世主岛”的岛。这个岛屿是当年哥伦布抵达西印度群岛的第一站，在岛屿上还有一块用来纪念哥伦布抵达“新大陆”的纪念碑。这个岛的名字也是哥伦布取的，其意义是感谢上帝的指引和保佑。

55 埋藏宝藏的南美洲北部

安第斯山脉

在加勒比海南面有一个长得像烤羊腿的大洲，那就是南美洲。当然你可能觉得它长得更像甜筒冰淇淋、叶子或者船桨。不管它像什么，总的来说，它类似于一个倒置三角形。

南美洲的最北端是巴拿马，最南端是合恩角。一座连绵不绝的山脉连接着南北两端，贯穿整个南美洲，这就是有名的安第斯山脉，也是世界上最长的山脉。

巴拿马附近有一个用哥伦布名字命名的国家——哥伦比亚。后来，白人来到与哥伦比亚毗邻的国家。当白人来到时，他们看到在这里居住的印第安人与大洋彼岸的威尼斯人一样，将房屋建在水中，于是他们便把这里称作委内瑞拉，意思是“小威尼斯”。

委内瑞拉是个沿海国家，在海边有一个名叫特立尼达的岛。这个岛屿很特别，岛上有一个沥青湖，湖中没有一滴水，满满的装的都是沥青。从前美国修路用的沥青甚至有一部分就产自这里。

特立尼达岛的“沥青湖”

委内瑞拉有一个占地不大的邻居叫作“圭亚那”。这里以前是英国、荷兰和法国反复争夺的地方，现在是英联邦国家。在圭亚那广袤的荒野上，有一道几乎有尼亚加拉大瀑布五倍高的瀑布——凯厄图尔瀑布。但是，这个壮美的瀑布却很少有人知道，实在是由于它的位置太偏僻，到过那的人格外的少。

在南美洲北部靠近赤道的地方有一个国家叫作厄瓜多尔。厄瓜多尔在西班牙语中的意思是“赤道”，毫无疑问，这个名字是由它的地理位置而得名的。听到这里，你一定觉得厄瓜多尔是个十分炎热的地方。实际你猜错了，这里不但不热，反而凉爽宜人，因为这个国家就坐落在安第斯山脉。基

圭亚那凯厄图尔瀑布

钦博拉索山

多是厄瓜多尔的首都，站在基多远眺能看见世界上最高的两座火山，个子高的是休眠火山“钦博拉索山”，个子矮的是活火山“科托帕希火山”。

厄瓜多尔是世界上有名的可可豆产地。我们吃的巧克力、喝的可可饮料的原料中都包含可可豆。可可豆长在可可树上，就像豌豆一样被豆荚包住。除了可可豆，厄瓜多尔还因其民风凶悍而闻名。生活在这里的原住民，以割取敌人的头颅为傲。在战争时期，这里的印第安人勇士会把敌人的头颅当作纪念品保留下来。当地人认为，谁留下的敌人头颅多，谁就是最伟大的勇士。

厄瓜多尔民风彪悍，被称为“史上最野蛮的印第安人”，而他们的邻居，生活在厄瓜多尔南部秘鲁的印第安人却被称为“史上最文明的印

科托帕希火山

第安人”。生活在秘鲁的印第安人又叫印加人。印加人生活在华丽的宫殿中，而且早早地就开始开采金银矿。早期，印加人以库斯科为首都，可现在那里已经淹没在历史中。我们只能从残留的断壁残垣中寻找古老印加宫殿的影子。

秘鲁马丘比丘印加宫殿遗址

现在秘鲁的首都是利马。我们常吃的利马豆与这里没有任何关系，发烧时吃的奎宁却与它有难以言尽的渊源。很早以前，利马的印加人发现将某种树皮锤烂后煮水当茶喝可以治疗发烧。后来，白人来到秘鲁，发现了这种治疗方法并收集这种特殊的树皮运回欧洲，制作退烧药奎宁。

在秘鲁西边有一个国家叫玻利瓦尔，它是为了纪念南美洲英雄人物西

玻利瓦尔铜像

蒙·玻利瓦尔而得名。这个人在玻利瓦尔人心目中的地位，就跟乔治·华盛顿在美国人心目中的地位一样。西蒙·玻利瓦尔是委内瑞拉人，他从西班牙殖民者手中解放了包括委内瑞拉、秘鲁等在内的五个国家，使它们摆脱了被奴役剥削的命运，成为独立的国家。玻利瓦尔是锡的主产国，不过我们使用的锡器大多数是铁做的，外面涂了一层锡用来防锈。要是纯锡制成的物品，价格高得吓人。

历险手稿——最高的湖 

在玻利瓦尔和秘鲁的交界处有一个名字有趣的湖——的的喀喀湖，这是世界上海拔最高的湖。如果想在湖上畅游，得先把划艇扛上山，再组装起来才行。

56 安第斯脚下的天堂

亚马孙热带雨林

提到南美洲，就不得不说一说巴西，这里有精湛的足球技术、热情洋溢的桑巴，还有华丽精致的化装游行……这个国家以其独特的风土人情吸引着全世界的目光。巴西是南美洲最大的国家，因一种名为“巴西红”的染料而得名，世界上著名的亚马孙河就流经巴西。

人们常说“高山流水”，世界上最宽阔的河流亚马孙河就是由来自安第斯山脉的流水汇聚而成。当你站在亚马孙的河岸一边，甚至眺望不到河的对岸。宽阔的亚马孙河流域是著名的热带雨林区，不仅有茂密的丛林、沼泽和树林，还有品种丰富的野生动、植物。在这里，你能看到叶子大得像桌子一样的睡莲，也能见到各种各样羽毛亮丽的鹦鹉，还能看到色彩斑斓的蝴蝶和飞蛾。甚至，你还能看到一种巨型牛蛙，它一叫起来，不知道的

亚马孙鹦鹉

树懒

人还以为是狮子吼。丰富的野生动物资源吸引了众多动、植物学家来到亚马孙流域采集标本。

在巴西热带雨林生活的所有动物中，最特殊的两种要数王蛇和树懒。王蛇是一种巨型蟒蛇，具有很强的伪装性，平时缠绕在热带雨林的树木上，不仔细看会以为是藤蔓。当它遇到猎物时，会用身子将猎物紧紧地缠住，直到猎物窒息为止。然后，王蛇会张开它的血盆大口，将猎物囫囵吞下去，在胃里慢慢消化。通常一次饱餐后，它可以一个星期甚至一个月都不吃东西，只是在睡眠中消化。直到食物全部消化完，它才会再次捕食。

树懒就像它的名字一样，是一种巨懒的动物。它们用脚趾把自己固定在树上，整日呼呼大睡，一动不动。睡的时候，它们倒挂在树上，就像荡秋千的孩子一样。树懒的行动十分迟缓，要是不仔细观察，你根本看不出来它正在动。由于它太懒，又喜欢挂在树上，所以人们才叫它“树懒”。

魅力无限的热带雨林地区吸引着来自全国各地的专家学者，也吸引了当地印第安人。印第安人进入亚马孙流域可不是为了研究或者保护生态平衡，而是为了收集一种树的汁液。这就是橡胶树。橡胶是巴西主要出口产品之一，巴西也因其丰富的橡胶产量被称为“橡胶之国”。

橡胶树生长在热带雨林，因此橡胶工人收集橡胶汁必须深入雨林。橡胶工人找到橡胶树后，就会在树干上深深地划一个凹槽，然后用准备好的杯子收集流出的橡胶汁。当橡胶汁达到一定程度时，他们会用桶将橡胶汁带回住处，然后把汁水放在火上反复烘烤，最终便得到了橡胶。人们再把这些橡胶搜集齐，用船运到世界各地。

当年，白种人来到巴西，他们看见当地土著人在玩一种从来没见过的可以一蹦一蹦具有弹性的球。仔细询问后，他们才知道这些球就是用橡胶制作的。白人发现橡胶的秘密，觉得这是发财的好机会，于是便收集足够的原料，制成不同质地的橡胶，如软橡胶、硬橡胶等，就像是厨师将食用糖制成软糖、硬糖、夹心糖一样，然后再将不同质地的橡胶做成人们生活所需的各种物品。

除了橡胶，巴西还因咖啡而闻名。咖啡并不是巴西本土的植物，而是由大洋彼岸的白人带来种植的。不过，巴西的气候和土壤很适合咖啡生长。巴西是世界咖啡产量最多的国家。我们都知道，咖

表现巴西咖啡种植园劳动场景的画作

啡是由咖啡豆制成的，但是却很少有人知道，咖啡豆是生长在矮小的咖啡树上的。

到了咖啡成熟的季节，低矮的咖啡树上会结出一个个类似樱桃的果子，这就是咖啡果。咖啡豆就是咖啡果里面的种子。将咖啡豆烤熟再磨成粉，然后进一步加工就能变成我们喜爱的各种各样的咖啡了。

巴西有一个有名的城市叫作桑托斯。桑托斯也盛产咖啡。没准你现在手边的咖啡就来自那里呢。细数巴西，你不难发现咖啡和橡胶的身影，也正因此，巴西又被称为咖啡和橡胶之国。如果有一天，世界上的咖啡、橡胶、柏油路能开口说话，它们一定会告诉你许多关于巴西的故事。

历险手稿——上帝多花一天建造的城市

巴西人说，“上帝花了六天时间创造世界，第七天创造了里约热内卢”。可见，巴西人对于里约热内卢的美有多引以为豪。

里约热内卢的意思是“一月的河流”，不过在这里并没有什么河流。传说中里约热内卢的发现者在沿着巴西海岸航行时，无意间发现了一个类似河口的地方，又因为发现时刚好是一月的第一天，才将其命名为“里约热内卢”。

在里约热内卢港口，你能看到一块巨大的长得像面包一样的石头，人们称之为“面包山”。当你乘船驶离里约热内卢港口时，便能看到城市后面像沉睡的巨人一样的山脉，那就是有名的“沉睡中的巨人。”

57 白银之都

当白人乘船来到巴西南面时，他们发现当地土著人身上都配有银饰，所以就误以为这里有丰富的银矿。于是，白人把这里命名为“阿根廷”，意为“银子之都”。

可是，当人们真正开始探寻银矿时才发现，这里的银矿资源并不丰富，不过“阿根廷”这个名字还是被沿用下来。就好像孩子出生时我们会赋予他含有具体寓意的名字，却不会因为他们长大后不符合寓意而改名一样。

尽管阿根廷银矿资源并不丰富，但也是一块富庶的土地。阿根廷拥有广阔的农场和无边无际的草原，小麦和玉米在这里生长得很好，出产的牛、羊肉也十分鲜美。

美国人喜欢把美国西部放养牛、羊的人称为“牛仔”，在阿根廷这样的人却叫作“加乌乔牧人”。加乌乔牧人穿着像方形毯子的南美披风，随身携带一把弯刀。阿根廷人种植玉米是用来喂养牛、羊，然后依靠销售牛肉以及牛羊皮制品赚钱。

由于阿根廷的气候类型以及人口组成和美国很像，所以又被称为“南美洲的美国”。阿根廷一年四季分明，与美国很像，不过不同的是，美国在北半球，阿根廷在南半球，所以当美国处于冬季时，阿根廷正是烈日炎

阿根廷首都布宜诺斯艾利斯

炎的夏天。与其他南美洲国家以印第安人与白人的混血人种为主不同，阿根廷大多数人为白人。这些白人多数为西班牙后裔，所以那里的居民大都讲西班牙语。

阿根廷的首都是南美洲最大的城市——布宜诺斯艾利斯，意思是“清新的空气”。在布宜诺斯艾利斯旁，有一条美丽的河流拉普拉塔，在西班牙语中也是“银子”的意思。所以，在“银子之都”有一条“银子之河”。

沿着“银子之河”拉普拉塔河逆流而上，你会看到挤在几个大国中的两个小国——乌拉圭和巴拉圭。它们像是一对孪生兄弟，无论气候还是国家发展模式都十分相似。

在巴拉圭盛产巴拉圭茶，深受南美洲当地居民喜爱，不过你可能很难接受这些茶的味道。

与阿根廷以山为界的国家是智利，位于太平洋沿岸，领土狭长。智利的大部分地区是山区，且由于海拔过高，山顶覆盖着皑皑白雪。智利正是因此而得名——“智利”就是“白雪的国度”的意思。

阿根廷和智利并不是一对和睦的邻居，两国时常交战。后来，这两个国家像美国和加拿大一样达成了和平协议。订立协议后，阿根廷与智利将武器熔化，制作了一座巨大的耶稣像，用来提醒人们珍惜和平。人们在铜像底座刻着：“两国在耶稣脚下起誓，除非安第斯山脉灰飞烟灭，否则智力和阿根廷永不交战。”

狭长的智利时常被人认为是一个贫穷的国家，可事实却并非如此。智利北部有一片盛产硝酸钠的沙漠，硝酸钠是一种很好的肥料，庄稼有了它才能长得好。所以，世界各地都需要硝酸钠。对硝酸钠有了解的人可能会问，硝酸钠不是在海底才有吗？沙漠里为什么会有呢？原来这片沙漠本来是在海底的，由于发生地震，海底的地面向上隆起，形成了陆地，海水蒸发后留下了珍贵的硝酸钠，使智利成为一个富裕的国家。除了硝酸钠，智利还是碘的产地。

智利的首都圣地亚哥位于山上，又被称为“圣詹姆斯”，这是南美洲第四大城市。它坐落在安第斯山脉，气候宜人，常年的积雪带给它别样的

智利圣地亚哥大教堂

蓬塔阿雷纳斯的麦哲伦纪念碑

风情。

智利还有一座美丽的城市叫瓦尔帕莱索，又称为“天堂之谷”。不过可不要因为它的称号就把它误会成山谷，其实它是智利有名的海港城市，也是智利最早的贸易港口。

除此之外，世界上最南的城市蓬塔阿雷纳斯也属于智利。它位于麦哲伦海峡附近，为往来于麦哲伦海峡的船只补充物资。麦哲伦海峡因伟大的环球旅行家麦哲伦得名。麦哲伦和哥伦布一样向西出发，沿着南美洲的海岸线南下，一直到南美洲的最南端，他才找到一条可以通往太平洋的通道，这就是我们今天所说的麦哲伦海峡。

作为大西洋和太平洋中的唯一通道，蓬塔阿雷纳斯很快就发展起来。可是，在巴拿马运河建成以后，麦哲伦海峡通行的船只减少，于是，这个城市的生意也渐渐转变：人们在火地岛饲养绵羊，然后将剪下的羊毛通过蓬塔阿雷纳斯贩卖到世界各地。

历险手稿——阿根廷国粹

探戈最初只是布宜诺斯艾利斯“下等市民”的娱乐节目，当时市民认为它难登“大雅之堂”。直到1906年，探戈艺术的代表人物比拉尔多等人把这一欢快、风趣、诙谐的舞蹈形式带到了法国和周边国家，得到当地人的喜爱，探戈才小有名气。后来，阿根廷政府正式宣布，探戈成为阿根廷民族文化遗产中不可或缺的一部分。

在外国人看来，探戈或许只是一种魅力四射的舞步，而对阿根廷人来说，它已是融于血液里的文化，是阿根廷的国粹、民族的骄傲。

58 黑暗的大陆

尼罗河沿岸风光

地球上有七大洲五大洋，其中面积最大的洲是亚洲，第二大的是非洲。在大航海时代到来之前，非洲一直被西方人认为是一片“挡道”的大陆，因为它正好挡在西方人由海上去亚洲的航线上。

当时，水手们都想绕过非洲大陆而不是登上它。但是，绕过非洲大陆的海上旅程十分危险，很多水手都在这条航线失去了生命。不过，当时也有一些探险家登上了非洲大陆，但是，在他们的印象中，非洲大陆充满了奇怪的野生动物和野蛮的黑皮肤的人，正因如此，非洲也被称为“黑暗大陆”，而且在非洲靠近地中海边缘的地方，有著名的撒哈拉大沙漠，那是一片充满死亡气息的荒漠，很少有人能成功穿越。

尽管非洲大陆留给早期欧洲人的印象并不好，但是，这里的居民却是人类最古老的文明创造者之一。比如，在撒哈拉沙漠靠近亚洲和红海的地方，人们建立了一个跨越亚非两洲的国家——千年文明古国埃及。

埃及的气候十分奇特，北部地区一年四季都很少下雨，但是南部地区一到夏季就雨水充沛。每当这时，尼罗河就会泛滥。泛滥的河水汹涌地冲垮了河岸，冲毁农田和村庄。但是，埃及人却并没有离开几乎年年泛滥的尼罗河，相反，他们安心地居住在这里。尼罗河每次泛滥都会给当地带来大量肥沃的土壤，所以人们在此种植小麦和棉花都能获得大丰收。

在尼罗河的入海口，有一座著名的海港城市。当年，亚历山大大帝远征埃及时在尼罗河的入海口处建造了一座城市，并用自己的名字给其命名，这就是我们说的亚历山大城。亚历山大城当年是仅次于古罗马城的繁荣城市，世界七大奇迹之一的亚历山大灯塔就在这里。可惜这座宏伟的灯塔已经在一次大地震中被彻底摧毁了。从亚历山大城沿着尼罗河逆流而上，就来到了埃及的首都开罗。它是埃及最大的城市，也是非洲最大的城市。埃及人大部分信奉伊斯兰教，所以我们能在开罗看到很多漂亮的清真寺，它们都有着像碟子一样的圆顶。

当然，埃及最有名的还是木乃伊、金字塔和狮身人面像。

埃及人为什么要制作木乃伊呢？因为埃及人相信，人死后灵魂不灭，而且在未来的某一天，死去的人将会复生。如果人死后躯体化作尘土的话，那么人的灵魂将会失去依附之所，也就不能再次重生复活，所以，埃及人便将尸体做成木乃伊保存起来。

木乃伊的制作过程十分复杂。首先，人们要把死者的身体进行干燥，然后取出脑和内脏。在这个过程中，还要用一种特殊的方式对身体进行清

埃及金字塔

洁，以防止将来腐烂。

在死者的内脏全都取出后，人们会在里面放入填充物，之后要将身体进行第二次干燥。干燥结束后，还要将尸体放入药水中再清洗一次。然后，人们会在尸体上涂抹油膏和香料。这些都完成之后，人们用大量亚麻布把尸体包裹起来，最后在外面涂上一层树脂。人们还会在木乃伊的身上放置圣甲虫，以求平安。

埃及的法老尤其重视自己死后会被如何安置。他们为此做了大量准备工作，将尸体制作成木乃伊便是其中之一，另外还有一项重要的工作是为自己修建豪华的陵墓。这就是闻名世界的金字塔。

金字塔从下向上渐渐收紧，非常像汉字里面的“金”字，所以我们称它为金字塔。金字塔是用石块一块块堆积起来的。如果我们想要攀登金字塔，只要踩着石头就可以爬到最顶端。原本，金字塔有光滑的墙面，但是由于年代久远，再加上很多石头被当地人取走用于修建其他建筑，金字塔的外表已经不像当初那么光滑，而是布满了坑洞。

在人们把法老的尸体放进金字塔之后，就把通向里面的通道全都用石头仔细封起来，以防止有人在法老长眠的时候进去打扰他，盗走他的尸体和陪葬的物品。尽管如此，依然有很多金字塔没能挡住盗墓者的脚步。

斯芬克斯像

现在我们所知的最大的金字塔是胡夫金字塔，于公元前2560年左右建成。在巴黎埃菲尔铁塔建成前，它一直是世界上最高的建筑物。胡夫金字塔的附近还有一座狮身人面像。当时，胡夫在巡视自己的金字塔时发现采石场上还留下一块巨石，于是他命令石匠按照他的脸型，雕成了狮身人面像的头部。狮身人面像的整体造型则来自希腊神话中带翼的狮身女怪斯芬克斯。

关于狮身人面像，还有这样一个传说：

传说，埃及年轻的托莫有一天来这里狩猎。在他奔跑得筋疲力尽之后，就在沙地上睡着了，在梦里，他看见有一座狮身人面的雕像。雕像对他说："我是伟大的神胡尔·乌姆·乌赫特。我被埋在沙土里，这使我透不过气来。如果你能去掉我身上的沙，我就将埃及王的位置交给你。"王子醒来后立刻调集大量人力、物力，很快就把狮身人面像从沙土中挖了出来，后来，这名王子真的成了埃及的法老。

历险手稿——鳄鱼的眼泪

关于埃及的母亲河尼罗河有很多传说，“鳄鱼的眼泪”就是其中之一。尼罗河中生活着大量的鳄鱼，古代埃及人相信，鳄鱼吃掉人以后会流下眼泪，就好像它们十分伤心一样，所以当人们发现有人哭得假情假意的时候，就会说他流下的是“鳄鱼的眼泪”。

59 世界最大沙漠中的绿洲

我们前面提到了撒哈拉沙漠。撒哈拉在阿拉伯语里就是“大荒漠”的意思。在撒哈拉沙漠的绝大部分地区都只有岩石和沙土，自然条件十分恶劣。如果有谁能列出一张“最不适宜生物生存的地方”名单，那么名单上除了南极之外，一定还有撒哈拉沙漠。

撒哈拉沙漠是世界上最大的沙漠，大到能装下整片美国领土。它从非洲大陆的一侧一直延伸到另一侧，跨越阿尔及利亚、苏丹、利比亚、尼日尔、马里、毛里塔尼亚等国家。

撒哈拉沙漠的气候十分古怪。这里可以一连好几年不下雨，也创造了世界最高气温的纪录，但是，海拔高的地方却也有霜冻和冰冻。撒哈拉沙漠中的沙暴十分可怕。一旦沙暴发生，大风带着沙土狂奔，原来的沙丘不一会儿就消失了，而原本平坦的地方会突然隆出一块沙丘。

撒哈拉沙漠

沙漠里的地形会在沙

摩洛哥王宫

暴发生时不断改变，因此人们很容易在沙暴中迷路。沙暴还会持续很长时间，有时，沙漠中的旅客会被大风刮来的沙活生生地掩埋。

不过，在撒哈拉沙漠中也有少数几片绿洲，只不过那里的水少得可怜，稀稀疏疏地生长着青草、灌木和树。这些绿洲中，较大的长宽都能达到几十英里。这样的绿洲中会有人居住。绿洲对于生活在撒哈拉沙漠中的人来说十分重要。人们经常在夜间骑着骆驼在不同的绿洲之间穿行，因为沙漠中没有任何指示牌，同时沙漠的地形时刻在变化，只要一阵风吹过，原本的沙丘就可能消失得无影无踪，所以人们只能借助指南针和星星来判断方向。

尽管撒哈拉沙漠是一片可怕的死亡地带，但是生活在附近的人仍旧用自己独有的生活方式努力适应着这里的环境，与撒哈拉沙漠融为一体，同时撒哈拉沙漠也以它特殊的风貌吸引着世人。

紧邻撒哈拉沙漠有一个名叫摩洛哥的国家，隔着直布罗陀海峡和地中海与西班牙遥遥相望。摩洛哥气候宜人，花木繁茂，风景如画，被称为“北非花园”“烈日下的清凉国土”。摩洛哥的官方语言是阿拉伯语，但那里的居民也说法语和西班牙语。

摩洛哥是非洲最古老的国家之一，在那里居住着摩尔人。摩洛哥在历史上经历了多次变迁。从公元前 15 世纪起，他们由腓尼基人统治；在公元前 2 世纪到公元 5 世纪时，他们成为罗马帝国的一部分；到了公元 7 世纪左右，阿拉伯人大举入侵，在那里建立了摩洛哥历史上的第一个阿拉伯帝国……除此之外，摩洛哥的摩尔人也曾经建立了阿尔摩拉维德王朝。

阿尔摩拉维德王朝是摩洛哥历史上最强盛的时期。摩尔人甚至在大航海时代到来之前统治过西班牙，他们还在西班牙的格拉纳达建造了气势恢宏的阿尔罕布拉宫。

在终年都很少降雨的撒哈拉沙漠东端有一个雨水充沛的国家，它就是苏丹。“苏丹”这个词来源于阿拉伯语，原意为“黑人的土地”。苏丹的中部被尼罗河谷贯穿，青、白尼罗河汇合处的土质十分肥沃。

苏丹首都喀土穆

在古代的地图上，你在苏丹的位置只能找到一个叫努比亚的地方。那是苏丹原来的名字。这块土地早在4000年前就有原始部落居住。公元前2800年到公元前1000年，苏丹属于埃及，后来，努比亚脱离埃及，建立了库施王国。随着库施王国的逐渐兴盛，努比亚人占领了整个尼罗河流域，甚至曾一度在埃及确立了统治权，但是没过多久，他们就被埃及人赶了出来。

苏丹旅游资源十分丰富，有奇特的野生动物和美丽的自然风景。如果你有机会去那里，可以到红海上划船、划水、潜水或者进行水下摄影。

历险手稿——撒哈拉沙漠是不毛之地吗

撒哈拉沙漠拥有世界上最多的阳光，但却是最不适合生物生长的地方之一，因为这里可以一连几年都不下雨。这里是仅次于南极洲的世界第二大荒漠，它的名字撒哈拉，就是沙漠的意思。

但是，即使撒哈拉的气候条件如此恶劣，这里依然生活着生命力顽强的生物。虽然这里植被稀少，但还是有一些埃及姜果棕、夹竹桃、海枣和百里香等植物。沙鼠、跳鼠、开普野兔和荒漠刺猬等哺乳动物和300多种鸟类也栖息在此处，可见，撒哈拉沙漠并不是真正的“死亡”地带。

60 动物的天堂——非洲

非洲狮

赤道横穿非洲地区，因此这里比世界上其他地方都要炎热许多。除了炎热外，非洲降雨量非常充沛，因此植物在此长得又快又高。在非洲的热带雨林，有长得像屋子一样高的野草，也有大片的参天巨树，这里的藤条等植物也生长得异常繁茂。

非洲不但有各种各样的植物，还是当之无愧的天然动物园。无论是威风凛凛的狮子、优雅绅士的长颈鹿，还是笨拙可爱的犀牛……你都可以在这里看到。

狮子是一种凶猛的猫科动物，它们体形巨大，姿态优雅。在所有动物中，狮子是最让人害怕的猛兽之一。即使是被关在动物园笼子里的狮子，它的吼声也会让听的人忍不住瑟瑟发抖。狮子拥有漂亮的外形、威武的身姿、王者般的力量和梦幻般的速度，被世人称为“万兽之王”。在非洲草原上，除了人类，狮子几乎没有天敌，就连猎豹也要对它礼让三分。

非洲长颈鹿

所以你一定会说，狮子是丛林里最勇敢的动物，其实不是。不信，你可以注意观察一下，当狮子发怒吼叫时，看看是什么动物最后逃走。那就是机敏可爱的猴子。想不到吧，虽然猴子长得不如狮子大，力量也不足，但它们却非常敏捷。正是因为敏捷的身手，它们才敢在狮子面前不慌不忙。

其实，并不是每一种高大的动物都要吃肉。有一种非常高大的动物就只以植物充饥，你想到它是什么了吗？没错，就是长颈鹿。它是一种很奇妙的动物，有着长长的脖子和长长的腿。可能是因为脖子太长，所以长颈鹿行动十分缓慢，这正是它看上去优雅的原因。长颈鹿是整个非洲丛林中唯一不会发出声音的动物。

长颈鹿性格温和，从不吃肉，只吃植物。长颈鹿爱吃高高树上的树叶和嫩枝，而长长的脖子能够帮助它们方便地获得食物，但是长脖子也给它们带来了一些不便，例如喝水。长颈鹿的脖子和四肢都太长了，所以如果它想喝水不能像其他动物一样低头，否则会因失去重心而跌倒。为了不让自己跌倒，长颈鹿必须努力将四条腿大大地岔开，将身子俯得低低的，这时长颈鹿看上去就像英文字母的A。只有这样，长颈鹿才能安全地喝到水。

非洲河马是一种十分神奇的动物。它体形巨大，长着一张巨大的嘴。这张嘴的咬力十分惊人。你看到河马的时候会觉得它十分笨重，但是事实上，它奔跑的速度非常快。只可惜它耐性不佳，不能长时间奔跑。

河马的身体上几乎没有毛，所以河马身上的水分蒸发量要比其他哺乳动物多得多。这就是我们总是看到河马把自己泡在水里的原因。河马是草食和肉食相结合的动物。通常情况下，河马很温驯，但是带着小河马的母河马却极具攻击性。在非洲，每年都有很多人因为误伤小河马而被母河马攻击。而一只成年河马，甚至可以杀死一头尼罗鳄。

在非洲有许多体形庞大的动物，除了河马外，犀牛的个头也很大。犀牛看上去有些笨拙。它长着短短的腿、大大的头、矮壮的身体，鼻子上还长有一个或两个角。犀牛的角给犀牛招来了不幸。经常有人为了获得犀牛角，而将其杀害。

河马

犀牛

犀牛虽然看上去十分丑陋可怕，但事实上犀牛十分胆小。它从不会主动攻击其他生物，甚至还会努力避免与其他生物争斗，但是当犀牛受伤或受到惊吓时，它会茫然地攻击所看到的一切事物。犀牛光滑无毛，但犀牛皮很厚，不过，犀牛皮上褶缝很多，皮肤很嫩，所以犀牛需要经常在泥里打滚来保护自己的皮肤。

非洲象

非洲象是世界上最大的象，体形巨大，无论雄性还是雌性都长有长长的象牙，原本它是非洲草原真正的霸主，就连狮子也不敢招惹。但是非洲象的象牙质量非常好，很适合制作钢琴的琴键以及其他一些装饰品，所以大量的非洲象被人们射杀。现在，非洲象已经被世界自然保护联盟列为濒危物种。

神秘而古老的非洲大陆还有更多的奇妙生物等待着我们去发现，相信将来我们会获得更多的惊喜。

历险手稿——身上有图案的马

非洲还有一种非常温驯可爱的马，与我们平时看到的马不太一样，它的身体布满黑白的条纹，就像穿着一件条纹衬衫一样。这种可爱的马就是斑马。

那么斑马到底是长着黑条纹的白马，还是长着白条纹的黑马呢？对于这一问题，人们一直争论不休，最后终于有位科学家找出了答案。原来，他把斑马的毛全部都剃掉之后发现，剃掉毛后的斑马皮是黑色的。那么，自然白条纹就是后长出来的，所以斑马就是一种长着白条纹的黑马。

61 钻石王国

约翰内斯堡的金矿博物馆

约翰内斯堡的金矿博物馆

南非位于非洲大陆南端，处在印度洋和大西洋的航运要道。南非的地理位置十分重要，曾经是著名的“西方海上生命线”好望角的航道所在地。南非很早就有人居住，但是在1652年，荷兰人侵入南非，紧接着，大批殖民者为了这里丰富的金矿蜂拥而来。这些殖民者来自欧洲各个国家，他们将自己国家的语言和风俗习惯带到南非，所以南非的人种和语言都非常复杂。

在西方流传着一个传

说。传说中，彩虹尽头藏着黄金。如果这个传说是真的，那么我想“彩虹尽头”指的一定是南非，因为现在世界上大部分的黄金都产自南非。南非有着世界上最大的金矿。如果全世界所有的黄金制品都要给自己填写“籍贯”的话，那么将有超过一半的金子会在“籍贯”一栏写着：南非约翰内斯堡。

黄金自古以来就是重要的货币，在人们的生活中占有十分重要的地位。虽然铂金相对黄金更加珍贵，但是黄金在几千年以来一直都作为货币的最高级别形式，没有其他任何金属可以取代，黄金是当之无愧的“金属之王”。

黄金的质量好坏用“纯度”来表示。如果有人对你说“这块黄金是24K”，这就意味着这是纯金，里面没有任何杂质，而掺杂了其他金属的黄金就不再是纯金。

金矿中的金子大部分都和岩石混合在一起，只有将岩石磨成粉末之后才能将金子取出。我们经常在电影上看到，人们拿出一根根大金条。但事实上，从金矿中产出的黄金并不都是一块块的。

除了黄金以外，南非的钻石同样闻名于世。钻石非常坚硬，是一种非常名贵的宝石。南非的金伯利是钻石的重要产地之一。南非的钻石矿是从一种黄土中被发现的，这种原本在火山里的黄土下面有一种坚硬的深蓝色岩石，这就是钻石原岩——金伯利岩。

现在人们提到优质的钻石首先想到的一定就是南非，然而在古代，印度才是钻石的著名产地。钻石对于那时的人而言，是神话中才有的物品，是神灵的宝物，是勇敢、权力、地位和尊贵的象征。因此，当时只有身份显赫、位高权重的才人能够拥有钻石。

现在，随着世界各地钻石矿的发现，钻石已经成为所有人都可以拥有和佩戴的宝石。我们最熟悉的钻石饰品就是钻戒。我相信许多人的母亲一

南非金伯利钻石矿坑

定也有一枚，如果她愿意的话，你可以向她借来看，上面的那颗钻石说不定就产自南非。

迄今为止，所发现的最大的钻石是在南非的普列米尔矿。在那里，人们发现了一颗重达 3106 克拉的巨型大钻“库利南”。后来，人们发现了当时的第二大钻石“大莫卧儿”。可惜，“大莫卧儿”被人盗走了，之后人们再也没有看到它。我想大莫卧儿一定已经被小偷切割成小块钻石了。它非常特殊，只要一出现人们就一定会发现。相信小偷也知道这一点，所以他一定要把“大莫卧儿”切割成很多小块钻石才不会被人发现。

尽管钻石非常名贵，但并不是所有钻石都是好钻石。由于形成的环境和条件不同，钻石在质量上也就有了良莠之分。想要辨别钻石的好坏，最简单的方法就是看钻石的色泽。

我们可以把钻石对着光，看看它会发出哪种光，是纯白色的光，还是白中带蓝或白中带黄的光。一般来说，发出纯白色光的钻石最好。另外，钻石越纯净越好。无色的钻石是最好的钻石，色调越深的钻石，质量相对就越差。当然，钻石当中也有一些异类，这就是彩钻。比如，黄钻、绿钻、蓝钻、褐钻、粉钻、橙钻、红钻、黑钻、紫钻等，它们都是比白钻要珍贵许多的钻石，大都价格昂贵，千金难求，其中又以红钻最为珍贵。

1905年在南非Premier矿场中发现了世界上最大的钻石原石非洲之星，重量高达3106克拉。后来非洲之星原石被切割成许多部分，其中最大的一颗“库里南第一”是一颗梨形切割的钻石，重约530.20克拉，也被称作为非洲之星。其有76个切面，目前被镶嵌在英王的权杖上。

历险手稿——金伯利的钻石洞 

由于钻石大多藏于一种被称为金伯利岩的矿石中，而这种矿石往往埋藏很深，所以要采掘钻石，人们只能尽最大努力往下挖洞。南非有许多山因为开采钻石的缘故，而变成了一个个洞。那些被挖出大洞的山丘被称作“大洞”。这些大洞中，最有名的应当是金伯利大洞。

为了开采钻石，人们从这里挖走了2200多万吨土。这里的采矿隧道深达1100米。当然，这里也出产了大量钻石，据说，从这里出产的钻石达1450多万克拉。

62 四面环水的大洲

澳大利亚土著居民

地球上有这样一个岛屿，大到人们把它当作一块大陆，这就是澳大利亚。相对于大洋洲的其他岛屿而言，澳大利亚简直就是个巨人，因此人们也常常误以为整个大洋洲就只有澳大利亚，所以常有人说“澳洲”，事实上这个说法并不正确。除了澳大利亚之外，大洋洲还有其他岛屿。

澳大利亚的首都是堪培拉，关于它的建立还有一段故事：据说，当初墨尔本和悉尼都想成为首都，但是两座城市争来争去也没有争出结果，所以后来人们干脆在悉尼和墨尔本之间建造了堪培拉，并将它定为首都。

早在4万多年前，澳大利亚就有土著居民居住。澳大利亚的土著人叫作丛林居民，他们至今仍保留着自己的风俗习惯。比如，他们住在用树枝和泥土搭成的窝棚里，使用回旋镖打猎为生。他们通常只用一块布或用袋鼠皮蔽体，喜欢在身上文身或涂抹各种颜色。他们的身体彩绘非常多变。平

澳大利亚牧场

时只是在脸颊、肩和胸上涂一些黄、白颜色，到了节庆或歌舞表演时就会采用隆重的全身彩绘。他们的文身则多为较粗的线条，有些像雨点，有些像波纹，文身对于成年的土著人来说十分重要。

后来，欧洲人来到这里，他们误以为这片土地与南极洲相连，所以将它命名为“澳大利亚”——也就是拉丁文“南部的土地”的意思。最初，澳大利亚是英国人流放罪犯的地方。在英国人眼中，任何人被关在这个茫茫大海中的孤独小岛上都没办法逃跑。后来，英国人发现澳大利亚除了关押犯人之外，还有更大的用处。他们在澳大利亚中部的沙漠地带发现了金矿。

毋庸置疑，黄金是十分珍贵的金属，所有人都想拥有。于是，当时的英国人不顾危险、不畏炎热来到澳大利亚的沙漠淘金，这就是自由移民，但是当他们满怀希望来到这里时才发现，在这里淘金成本太高，完全赚不到钱。

所以，人们只能寻找另一种可以发财的办法。经过观察，他们发现，澳大利亚南部有一片广阔的草原，非常适合放养牛、羊，但是澳大利亚当地却并没有牛和羊。于是，这些人就把牛、羊和其他一些外来动物都引入了澳大利亚。就在人们满怀希望地将牛、羊带到草场上时，又发现当地的草不适合牛、羊食用。没办法，他们只得再从祖国引进草种，在澳大利亚播种。

一番曲折后，他们终于成功了，并且给澳大利亚的发展带来很大的帮助。现在，澳大利亚的畜牧业十分发达，英国有一半以上的进口羊毛都来自这里。澳大利亚出产的绵羊毛又长又滑，品质优良，牛肉和羊肉也非常嫩滑。悉尼和墨尔本也成为世界上最著名的羊毛集散中心。

考拉

袋鼠

鸭嘴兽

但是，并不是所有事情都这样美好。这些自由移民在把澳大利亚改造成良好牧场的同时，也给这里带来了长久的隐患。

当时，英国人大多根据需要和个人爱好选择要把什么东西带到澳大利亚。所以当人们把兔子带到澳大利亚时，没有人觉得有什么不对。但是当这些兔子逃到野外之后，人们才发现这是一个多么可怕的选择。

澳大利亚是一座遗世的小岛，其生态环境、生存的动物和外面的世界大不相同。这里对兔子而言简直就是天堂，有足够的食物，最重要的是，没有兔子的天敌。

于是，繁殖能力惊人的兔子在这里变得越来越多。事情很快就发展成不可收拾的局面。兔子越来越多，它们与牛、羊争食草，不但如此，人们种植的粮食也几乎被它们吃光。无奈之下，人们只能捕杀兔子，但是无论怎么杀，都无法解决兔子数量过多的问题。所以人们不得不一直与野兔抗争。

澳大利亚因为得天独厚的地理环境，被世人称为“世界活化石博物馆”。这里共有植物 1.2 万种，其中有 9000 种是澳大利亚所独有的；鸟类共有 650 种，其中有 450 种是澳大利亚所独有的。这里有可爱的喜欢爬树的考拉，有把孩子放在袋子里跳很远的袋鼠，以及古老而又十分原始的鸭嘴兽等，从前有些船员甚至声称在这附近的海里看到过漂亮的美人鱼。

历险手稿——疯狂的兔子

要问森林中猖狂的动物是什么，想必大多数人都会说老虎、狮子、豹，但在澳大利亚，最猖狂的动物可是最亲和、可爱的兔子。这是什么原因呢？

原来，早在 19 世纪中期，澳大利亚并没有兔子，于是就从英国引进了 24 只兔子。人们原本打算把这些兔子放在动物园里展示，可没想到，动物园突然失火，兔子都逃窜到了广阔的草原上。没有豺狼虎豹等天敌的追杀，兔子在澳大利亚大草原生活得不亦乐乎。1928 年，澳大利亚的兔子总数竟达到了 40 亿只左右。它们破坏农田和植被，给草原和畜牧业带来了巨大灾难。

于是，澳大利亚掀起了兔子歼灭战。为了迅速控制兔子的数量，人们不惜使用细菌战，终于使兔子的数量得以控制。可是 1993 年，澳大利亚的兔子又奇迹般地恢复到了 4 亿只，这让澳大利亚的“人兔大战”至今仍在进行。

63 食人族不是传说

在很多传说和故事中经常都会提到这样一群人，他们嗜吃人肉，非常残暴，每当我们听到这样的故事，都会感到毛骨悚然。世界上是不是真的有食人族呢？答案是肯定的，世界上曾经有过食人族。

澳大利亚东南面是新西兰，在新西兰北部生活着一群土著居民，他们叫作毛利人。毛利人就是著名的食人族，当然现在的毛利人已经不再吃人。但在古代，毛利人会把战俘吃掉以示威严。现在毛利人虽然不再吃人了，但是在毛利人的表演中，依然会展示食人前的仪式，因为这对毛利人来说是他们为自己骁勇善战的祖先感到自豪。

新西兰毛利人

作为新西兰的少数民族，毛利人属于蒙古人种和澳大利亚人种的混血后代。他们皮肤偏黄，有自己的信仰和独特的风俗。毛利人有一种礼仪举世闻名，那就是“碰鼻礼”。

在毛利语中，“碰鼻礼”的原意是“洪吉”，表达主人对客人的诚挚欢迎。在施碰鼻礼时，客人要与主人的鼻子尖互相触碰两三次。尽管毛利人没有规定鼻子触碰的时间，但是在毛利人的观念中，碰鼻子的时间越长，则表示越热情越友好。

毛利人的“碰鼻礼”

毛利人的独木舟

毛利人是一个能歌善舞的民族。他们的音乐明朗愉快，舞蹈也十分热闹欢畅。同时毛利人还十分擅长木雕，他们可以在任何事物上进行雕刻，无论是独木舟、村的入口处还是集会场的周围，都可以看到风格独特的雕塑作品。

现在，世界上还有没有其他的食人族呢？我们还不知道。虽然关于食人族的传说很多，但大多是以讹传讹，不足取信。

很久以前，白人觉得土著是野蛮的未开化的人，他们会吃人是理所应当的。白人有这种认识，一方面是因为知识缺乏，另一方面也是因为当时欧洲人对土著人存有偏见。但有意思的是，土著人也曾经将欧洲的白人当成食人族。土著人以为白人是食人族的原因很简单，他们看到自己的亲人朋友被白人带走，却再也没有回来，就认为白人把他们都吃了。事实上，那些人是被当作奴隶卖到了欧洲。

世界各地都曾发生过食人事件。这些事件发生的原因大都是因为饥饿、仇恨等，而且食人的故事大多发生在愚昧封建的时代，那么现代世界会不会还有一些未被开发的地方仍然有一些原始部族保留着食人的习惯呢？等你们长大了，可以继续探索，慢慢查证。

历险手稿——食人部落的逻辑 

为什么有些原始部落族人会食用人肉？难道人肉比其他动物的肉更美味？

巴布亚的奥洛卡瓦人会把敌人当作猎物食用，是为了“捕捉其灵魂”和慰藉战死的族人；新几内亚的花族人食人是为了保留一种自然界中无法再生的体液；阿兹特克人吃战俘的肉，是为了获得死者的威力……

其实，很多食人部落都将人肉视为神的食物，认为食人是一种与神交流的形式，是进行象征性统治的一部分，并不是野蛮地为了吃而吃。这就是他们食人的原因。